Das letzte Gericht

Richard Fasten

Das letzte Gericht

Was berühmte Menschen
zum Schluss verspeist haben

Mit Rezepten

edition q

Haftungsausschluss

Verlag und Autor übernehmen keine Gewähr für das Gelingen der im Buch abgedruckten Rezepte. Die Gerichte mögen lediglich als Anregung für eigene »Henkersmahlzeiten« dienen. Die Mengenangaben sind, soweit nicht anders angegeben, für vier Personen berechnet. Einige Menüvorschläge sind ausdrücklich nicht zur Nachahmung empfohlen, so etwa das »Lesefutter à la Menelik« oder die »Cola-Diät«. Auch die Zubereitung eines Hirschbratens über dem offenen Feuer verlangt große Erfahrung und ist eigentlich nur noch von echten Naturmenschen zu bewältigen.

Bibliografische Information der Deutschen Bibliothek
Die Deutsche Bibliothek verzeichnet diese Publikation in der Deutschen Nationalbibliografie; detaillierte bibliografische Daten sind im Internet über http://dnb.ddb.de abrufbar.

© edition q im be.bra verlag GmbH
Berlin-Brandenburg, 2007
KulturBrauerei Haus S
Schönhauser Allee 37, 10435 Berlin
post@bebraverlag.de
Lektorat: Christian Härtel, Berlin
Illustrationen: Claas Janssen, Frankfurt
Umschlag: Bauer & Möhring, Berlin
Satz: Greiner & Reichel, Köln
Schrift: DTL Documenta 10/15°
Druck und Bindung: Clausen & Bosse, Leck

ISBN 978-3-86124-604-6

www.bebraverlag.de

Vorspeise

Man ist, was man isst, behauptet ein geläufiges Sprichwort. Aber stimmt das wirklich? Lässt auch die letzte Mahlzeit, die ein Mensch vor seinem Ableben zu sich genommen hat, Rückschlüsse auf seine Lebensweise oder seinen Charakter zu? Das vorliegende Buch geht dieser Frage nach: sechzig Prominente und ihre letzten Gerichte. Was aß Lady Diana, bevor ihr Leben bei dem Unfall in einem Pariser Straßentunnel endete? Welches Gericht ließ sich Rudolph Moshammer zubereiten, ehe er ermordet wurde? Welche Henkersmahlzeiten wünschten sich Maria Stuart und Marie Antoinette?

Den meisten Prominenten war allerdings keine »klassische« Henkersmahlzeit vergönnt. Das Ende ihrer Tage kam plötzlich und unerwartet. Deshalb verraten gerade die letzten lukullischen Genüsse ihres Lebens oftmals mehr über die Porträtierten, als sie selbst der Öffentlichkeit freiwillig preisgegeben hätten. Der Tod ist ein verlässlicher Berichterstatter.

Darf man darüber ein Buch machen?, mag sich mancher fragen. Ich denke ja. Gerade weil man in unserer Gesellschaft immer noch ungern über das Thema Tod und Sterben spricht, vermitteln die folgenden Geschichten einen konkret-sinnlichen Zugang zu dieser definitiv letzten Lebensphase. Die Unsicherheit im Angesicht des Endes zeigt sich auch bei jenen Prominenten, die von ihrem nahenden Ende wussten und mit diesem Wissen höchst unterschiedlich umgingen. Den einen verhagelte die düstere Aussicht ihrer irdischen Endlichkeit vollkommen den Appetit, die anderen schöpften noch einmal aus dem Vollen und verwöhnten ihre Gaumen mit den erlesensten Genüssen und Aromen. Ganz so, wie man es von ihnen erwartet hätte. Oder eben gerade nicht. Manchmal wandelten sich lebenslange Asketen in ihrer letzten Stunde zu schlemmenden Leckermäulern. Und manchmal brachten erwiesene Gourmets im Angesicht des wartenden Sensemanns nicht mehr als ein Glas Wasser hinunter.

Die Informationen über die letzten Stunden und Mahlzeiten der porträtierten Prominenten entstammen unzähligen Biografien, Augenzeugenberichten, Zeitungsartikeln und Obduktionsberichten. Auch das Internet hat als Informationsquelle bei der Recherche hilfreiche Dienste geleistet.

Besonders gedankt sei an dieser Stelle dem Küchenchef des Berliner Restaurants ‚Noiquattro', Andreas Staack, der alle in diesem Buch aufgeführten Rezepte auf ihre »Verträglichkeit«, ja auf den Genussfaktor hin geprüft hat.

Berlin im Februar 2007
Richard Fasten

Alexander Aljechin
1892–1946

Seit Wochen vegetiert Alexander Aljechin bereits wie ein einge-
sperrtes Tier im »Park Hotel« von Estoril. Das Hotel in dem portu-
giesischen Ferienort ist in den Wintermonaten nahezu leer. Außer Aljechin ist höchstens noch eine Handvoll anderer Gäste in
den staubigen Zimmern einquartiert. Doch Aljechin vermeidet
jeden Kontakt zu seinen Zimmernachbarn. Der ehemalige
Schachweltmeister ist Anfang 1946 gesellschaftlich isoliert und
verfällt zunehmend seinen Depressionen. Durch antisemitische
Äußerungen und Artikel in deutschen Zeitungen während der
Nazi-Diktatur hat sich der gebürtige Russe ins politische Abseits
manövriert. Es gibt nicht mehr viele, die mit dem einstigen
Schachgenie noch etwas zu tun haben wollen. Aljechin rechtfer-
tigt sich zwar, von den Deutschen gezwungen worden zu sein, die
Schmähartikel zu schreiben, doch es wird ihm kein Glauben geschenkt. Immerhin war er ohne Not als französischer Staatsbürger
noch Anfang der 40er Jahre freiwillig nach Nazi-Deutschland
gereist, um an Schachturnieren teilzunehmen. In Hans Frank,
dem berüchtigten Generalgouverneur des besetzten Polen, einem
Hauptkriegsverbrecher, der nach Ende des Zweiten Weltkriegs
wegen Verbrechens gegen die Menschlichkeit zum Tode verurteilt
wird, fand Aljechin dabei einen besonderen Freund und Gönner
seiner Kunst.

In Portugal hat der Ex-Schachweltmeister Anfang 1946 Zeit,
über die jüngste Vergangenheit und sein wenig couragiertes Ver-
halten nachzudenken. Doch Einsicht bringen dem 53-Jährigen

seine Grübeleien nicht. Im Gegenteil, er fühlt sich ungerecht behandelt und ertränkt sein Selbstmitleid mit Hochprozentigem. Seine Alkoholabhängigkeit kostete ihn bereits zehn Jahre zuvor den Weltmeistertitel. Danach trank er eine Zeit lang nur noch Milch und erkämpfte sich die Krone am Schachbrett zurück. Doch inzwischen braucht Aljechin den flüssigen Seelentröster wieder wie die Luft zum Atmen.

Einziger Lichtblick in seinem verkorksten Leben ist im März 1946 die Aussicht auf einen Weltmeisterschaftskampf gegen den Russen Michail Botwinnik. Aljechin brennt darauf, gegen den jungen Rivalen anzutreten, um mit einem Kantersieg die Untauglichkeit des sowjetischen Schachsystems zu demaskieren. Tatsächlich erreicht das umstrittene Schachgenie am 23. März 1946 ein Telegramm des britischen Schachverbandes. Der »BCF« bestätigt darin, dass unter seiner Schirmherrschaft ein Weltmeisterschaftskampf zwischen Aljechin und Michail Botwinnik in London stattfinden könnte. Alexander Aljechin ist nach der freudigen Mitteilung zwei Tage lang wie aufgekratzt. Endlich scheint sich ein Weg aus seiner gesellschaftlichen Isolation aufzutun.

Am 24. März 1946 lässt er sich das Abendessen von einem Kellner des Hotelrestaurants auf sein Zimmer bringen. Statt wie so viele Tage zuvor, die Zeit sinnlos im Bett verstreichen zu lassen, sitzt Aljechin jetzt wieder an einem kleinen Tischchen und brütet über seinem Schachbrett. Die Konversation mit dem Kellner, der das Essen bringt, beschränkt sich auf ein knappes »Danke«. Mit dem Blick auf das Schachbrett stochert Aljechin im Essen und führt einen großen Bissen Fleisch zum Mund.

Als der Kellner am nächsten Tag das Frühstück bringen will, sitzt Alexander Aljechin noch genauso wie am Vorabend in seinem Sessel vor dem Schachbrett. Außer einem Stück Fleisch fehlt vom Teller des Abendessens kein Bissen. Das Stück steckt in der Speiseröhre des ehemaligen Schachweltmeisters. Alexander Aljechin ist gleich am ersten Bissen seines letzten Gerichts erstickt.

Schweinegeschnetzeltes
»Letzter Schachzug«

Zutaten: 500 g Schweinefleisch, 3 Stangen Lauch, 300 g Champignons, 200 ml Fleischbrühe, 1 Knoblauchzehe, 1 EL Mehl, 2 EL Öl, 1 TL Curry, Zitronensaft, Erdnüsse, Salz, Pfeffer

Zubereitung: Das Fleisch waschen, trocken tupfen und in ca. 1 cm breite und 5 cm lange Streifen schneiden. Mit Pfeffer würzen und leicht mit Mehl bestäuben. Den Lauch putzen und in schmale Ringe schneiden. Die Champignons putzen und in Scheiben schneiden. Danach Öl in einer Pfanne erhitzen. Das Fleisch darin von allen Seiten anbraten, die Champignonscheiben und die Lauchringe hinzugeben und mitgaren. Mit heißer Fleischbrühe ablöschen und eine gepresste Knoblauchzehe hinzugeben. Das Ganze ca. 15 Minuten bei mäßiger Hitze köcheln lassen. Zum Schluss die Sauce mit Salz, Curry und Zitronensaft abschmecken und mit gehackten Erdnüssen überstreuen.

John Jacob Astor
1864–1912

Als Madeleine Talmage Astor, geborene Force, am Abend des
14. April 1912 den Speisesaal der ersten Klasse betritt, lassen die
Wölbungen ihres Abendkleides bereits die anderen Umstände erkennen, in denen sie sich befindet. Die frisch angetraute, gerade
achtzehn Jahre alte Frau von Multimillionär John Jacob Astor IV.
ist im fünften Monat schwanger. Die mehrmonatige Flitterwo-
chenreise quer durch Europa und Ägypten hat ihren Zweck also
erfüllt. Galant und auch ein wenig stolz führt Astor seine Frau
durch den Speisesaal der »Titanic«. Der neue, als unsinkbar geltende-
de Luxusliner der White Star Line soll die glücklichen Flitter-
wöchner zurück nach New York bringen. Hotelbesitzer Astor und
Madeleine befinden sich dabei in bester Gesellschaft: Der Inhaber
des New Yorker Kaufhauses »Macy's«, Isidore Strauss, die texanische Ölmillionärin Margaret Brown, Stahlbaron Arthur L. Ryerson
und der Eisenbahnmagnat John B. Thayer sind ebenfalls an Bord.
Insgesamt bevölkern rund 2.200 Passagiere und Besatzungsmitglieder das riesige Schiff während der Jungfernfahrt. Seit dem
Auslaufen im Hafen von Southampton am 10. April 1912 genießen
Astor und seine Millionärsfreunde jeden erdenklichen Luxus an
Bord der »Titanic«. Vor allem die abendlichen Dinners sind gesellschaftliche und lukullische Höhepunkte der Überfahrt nach New
York. In der riesigen Schiffsküche steht ein Heer von Auguste Es-
coffier ausgebildeter Köche. Escoffier gilt zu Beginn des Jahrhun-
derts als bester und bedeutendster Koch seiner Zeit. Den Titel
»König der Köche« hat er sich im Londoner Hotel »Ritz« erarbeitet.

Seine Kochjünger tun nun ihr Bestes, um die millionenschweren Passagiere der ersten Klasse mit den außergewöhnlichsten Gaumenfreuden zu verwöhnen.

Als John Jacob Astor und seine junge Frau am Abend des 14. April 1912 im Speisesaal Platz nehmen, stehen nicht weniger als elf Gänge auf der Speisekarte. Als Hors d'Oeuvre lässt man sich Canapés mit Garnelen und frische Austern schmecken. Anschließend schlürfen Astor und Madeleine eine Kraftbrühe namens »Olga«. Als dritter Gang wird pochierter Lachs an Schaumsoße serviert, gefolgt von Hühnerbrust »Lyonnaise«. Den Hauptgang zaubern Escoffiers Köche aus Rinderfilets, Buttererbsen und Kartoffeln. Zur Erholung gibt es als sechsten Gang ein leichtes Zitronensorbet in Rotweinpunch mit Champagner. Das Ehepaar Astor sitzt bereist seit fast zwei Stunden im Speisesaal der ersten Klasse, als der nächste Höhepunkt des Dinners aufgetafelt wird: Gebratenes Rebhuhn. Anschließend gibt es Spargelsalat mit einer Champagner-Safran-Vinaigrette. Den neunten Gang kennt John Jacob Astor bereits aus den Restaurants seiner Hotelkette: Getrüffelte Leberpastete auf Waldorfsalat. Als Dessert servieren Escoffiers Köche den verwöhnten Passagieren schließlich Schokoladen-Eclairs mit Vanillecreme. Krönender Abschluss des elfgängigen Menüs sind frisches Obst und verschiedene Käsesorten.

Zur Anregung seiner Verdauung zieht sich John Jacob Astor nach dem opulenten Mahl in den Rauchersalon der ersten Klasse auf dem A-Deck zurück. Es ist 23 Uhr 40, Astor hat sich gerade eine Zigarre angezündet und mehr Eis für seinen lauwarmen Drink geordert, als das Schiff von einem gewaltigen Schlag erschüttert wird. Riesige Mengen Eis krachen auf das vordere Welldeck. Der 47-jährige US-Millionär nimmt den Zusammenstoß mit einem gewaltigen Eisberg zunächst mit Humor: »Es ist wahr, ich habe Eis bestellt, aber das ist eindeutig zuviel des Guten«, scherzt er. Die Lebensgefahr, in der alle Passagiere und Besatzungsmitglieder schweben, wird ihm erst bewusst, als sich der Bug der »Titanic«

bereits wenige Minuten nach der Kollision ins Wasser senkt. Astor lässt nun keine weitere Zeit verstreichen. Er sucht seine schwangere Frau und bringt sie zum Rettungsboot Nr.4 auf der Backbordseite des sinkenden Schiffs. Da zunächst nur Frauen und Kinder in die Rettungsboote aufgenommen werden, verabschiedet sich der Multimillionär von Madeleine mit den tröstenden Worten: »Die See ist ruhig, mir wird nichts geschehen. Ich bin in guten Händen. Wir sehen uns morgen früh.« Nur fünfzehn Minuten später sinkt die »Titanic«. Während Madeleine und Astors ungeborener Sohn gerettet werden können, wird der Hotelbesitzer beim Untergang des Schiffes vermutlich von einem herabstürzenden Schornstein erschlagen. John Jacob Astors im Meer treibende Leiche wird vier Tage später bei Bergungsarbeiten an der Unglücksstelle gefunden.

First Class Menü auf der Titanic am 14. April 1912*

Hors d'Oeuvre:
Canapés nach Admirals Art und frische Austern

Zutaten: 200 g Garnelen, 12 Sardellenfilets, 12 Scheiben Baguette, 6 Wachteleier, 1 Tomate, 1 TL Olivenöl, 125 g Frischrahmkäse, 2 cl Weinbrand, Lauch, 1 Knoblauchzehe, Basilikum, Dill, 1 EL Kaviar, Blattsalat, 2 EL Apfelessig, 1 EL Keimöl, 1 TL Zucker, Salz, Pfeffer

Zubereitung: Lauch in Scheiben schneiden und mit den Garnelen in Olivenöl dünsten. Tomate häuten und würfeln. Zusammen mit fein gehacktem Knoblauch und geschnittenen Basilikumblättern in die Pfanne geben. Mit Weinbrand ablöschen und einkochen lassen. Die Masse pürieren, auskühlen lassen und mit dem Frischkäse mischen. Salz und Pfeffer hinzugeben. Baguettescheiben rösten und mit der Masse bestreichen. Mit einem halben Wachtelei und einem kaviargefüllten Sardellenring garnieren. Aus Essig, Öl, Salz und Zucker ein Dressing rühren, den Blattsalat damit marinieren und zusammen mit den Garnelen-Canapés servieren.

Dazu eine Handvoll Austern.

Zweiter Gang:
Kraftbrühe Olga

Zutaten: 1 Liter Fleischbrühe, 80 g Lauch, 80 g Karotten, 80 g Sellerie, 8 kleine Jacobsmuscheln, 4 cl Portwein, Salz, Pfeffer, frische Kresse

Zubereitung: Das Gemüse waschen und in feine Streifen schneiden. Anschließend in der Fleischbrühe dünsten. Mit Portwein, Salz und Pfeffer abschmecken. Die Jacobsmuscheln halbieren und in der Brühe bissfest kochen. Die Suppe in Teller verteilen und mit frischer Kresse bestreuen.

Dazu Sherry.

Dritter Gang:
Pochierter Lachs mit Sauce Mousseline

Zutaten: 600 g Lachs, 350 ml Gemüsebrühe, 1/8 Liter Weißwein, 250 g Butter, 2 Eigelb, 1/2 TL Senf, 1 Zitrone, 100 g Sahne, 2 Zucchini, frischer Dill, Salz, Pfeffer

Zubereitung: Gemüsebrühe und Weißwein in einem Topf kochen, mit Pfeffer, Dill und Salz würzen.

Eigelb, etwas Weißwein und Senf im warmen Wasserbad cremig schlagen und die Butter unterrühren. Sahne schlagen und vorsichtig unter die Sauce geben. Mit dem Saft einer Zitrone, Salz und Pfeffer abschmecken.

Den Lachs in Tranchen schneiden und in der Gemüsebrühe ca. 2–3 Minuten garen lassen. Die Zucchini in Streifen schneiden und in etwas Butter bissfest dünsten. Mit Salz und Pfeffer abschmecken. Die Sauce Mousseline auf Teller verteilen, die Lachstranchen darauf setzen und mit den Zucchinistreifen garnieren.

Dazu Weißer Burgunder.

Vierter Gang:
Hühnchen Lyonnaise

Zutaten: 2 Hühnchenbrustfilets, 1 Frühlingszwiebel, 4 kleine Tomaten, 100 ml Tomatensaft, Rosmarin, Thymian, 1 TL Olivenöl, 1 TL Keimöl, Basilikum, Salz, Pfeffer

Zubereitung: Die Hühnchenbrustfilets mit Salz und Pfeffer würzen. In Olivenöl anbraten, Rosmarin und Thymian hinzugeben. Anschließend im vorgeheizten Ofen bei 160 Grad ca. 8–10 Minuten durchziehen lassen.

In einer Pfanne Keimöl erhitzen. Die Frühlingszwiebel klein schneiden und glasig dünsten. Die Tomaten in kleine Würfel schneiden und zusammen mit den in Streifen geschnittenen Basilikumblättern dazu geben. Mit Tomatensaft, Pfeffer und Salz abschmecken. Danach die Gemüsesauce über die Hühnchenbrustfilets geben.

Dazu Weißer Burgunder.

Fünfter Gang:
Gebratenes Lendensteak

Zutaten: 2 Rumpsteaks, 200 g Erbsen, 250 g Kartoffeln, 100 g Pfifferlinge, 60 g Speckwürfel, 1 Zwiebel, 1 TL Mehl, 1 EL Tomatenmark, $^1/_8$ Liter brauner Soßenfond, $^1/_8$ Liter Rotwein, Lorbeerblatt, Nelkenkopf, Wacholderbeeren, Thymian, Oregano, 2 cl Madeira, 1 TL Butterschmalz, 2 TL Butter, Pfeffer, Salz, Zucker

Zubereitung: Zwiebel in Würfel schneiden und mit den Speckwürfeln in Butterschmalz glasig dünsten. Mit dem Mehl bestäuben, Tomatenmark dazu geben und kurz anrösten.

Den braunen Saucenfond und den Rotwein zusammen kurz aufkochen. Die Gewürze hinzufügen. Die Sauce durch ein Sieb passieren, die Pfifferlinge dazu geben und aufkochen lassen. Mit Madeira, Salz und Pfeffer abschmecken.

Kartoffeln schälen und in Salzwasser kochen. In Butter schwenken und mit Salz und Pfeffer würzen.

Die Erbsen in heißer Butter schwenken und ebenfalls mit Pfeffer, Salz und wenig Zucker abschmecken.

Die Steaks mit Salz und Pfeffer einreiben und in heißem Butterschmalz rosa braten. Anschließend auf Teller verteilen, die Soße dazugeben und mit Kartoffeln und Erbsen garnieren.

Dazu Roter Bordeaux.

Sechster Gang:
Punch Romaine

Zutaten: 6 Tassen zerstoßenes Eis, 1 Tasse Sirup, 2 Gläser Champagner, 1 Glas Weißwein, 1 Tasse frisch gepresster Orangensaft, 2 EL Zitronensaft, 2 EL weißer Rum

Zubereitung: Das zerstoßene Eis, Sirup, Weißwein, Champagner, Orangen- und Zitronensaft im Mixer miteinander verquirlen. Anschließend die Masse in gekühlte Gläser füllen und mit weißem Rum beträufeln.

Siebter Gang:
Gespicktes Rebhuhn

Zutaten: 1 Rebhuhn, 2 Wacholderbeeren, 2 Scheiben Speck, ½ TL Stärkemehl, 2 EL saure Sahne, Salz, Pfeffer, Butter

Zubereitung: Das Rebhuhn mit Salz, Pfeffer und zwei zerdrückten Wacholderbeeren einreiben. Die Brust des Huhns mit Speckscheiben belegen und festbinden. Das Rebhuhn in etwas Butter anbraten. Anschließend bei 200 Grad im Ofen ca. 15 Minuten garen. Dann die Temperatur herunterschalten, etwas Wasser hinzugeben und weitere 30 Minuten bei 180 Grad schmoren. Danach die saure Sahne und das Stärkemehl zum Bratensaft hinzugeben, verrühren und servieren.

Dazu Roter Bordeaux.

Achter Gang:
Spargelsalat mit Champagner-Safran-Vinaigrette

Zutaten: 1 Bund Stangenspargel, ⅛ Liter Champagner, 4 EL Kräuteressig, 3 TL Keimöl, 1 TL Senf, Safranfäden, Zucker, Salz, Pfeffer, Blattsalat, frische Kresse

Zubereitung: Spargel schälen und in schräge Scheiben schneiden. Die Scheiben in Salzwasser mit Keimöl und Zucker bissfest garen.

Champagner, Kräuteressig, Senf und Safranfäden zu einer Vinaigrette verrühren. Mit Salz, Zucker und Pfeffer abschmecken. Den Spargel aus dem Wasser holen und 4 Stunden lang in der Vinaigrette marinieren. Vor dem Servieren mit Pfeffer und Salz würzen. Den Blattsalat auf Teller verteilen, den Spargelsalat darauf anrichten und mit frischer Kresse garnieren.

Dazu Chablis.

Neunter Gang:
Trüffelpastete an Waldorf-Salat

Zutaten: 2 Äpfel, 200 g Knollensellerie, 20 g Walnusskerne, 4 Scheiben Trüffelpastete, $^1/_2$ Zitrone, 2 EL Majonäse, 1 EL Joghurt, Zucker, Salz, Pfeffer, Blattsalat

Zubereitung: Die Äpfel schälen, halbieren, die Kerngehäuse entfernen und in Streifen schneiden. Mit Zitronensaft beträufeln. Den Sellerie schälen, ebenfalls in Streifen schneiden und unter die Äpfel mischen. Die Majonäse mit dem Joghurt verrühren und mit Pfeffer und einer Prise Zucker würzen. Die Majonäse-Joghurt-Mischung über die Apfel-Sellerie-Streifen geben. Die Walnüsse grob hacken und unter die Mischung geben. Den Blattsalat in Streifen schneiden und auf Tellern verteilen. Den Waldorf-Salat in die Mitte geben und die Trüffelscheiben daransetzen.

Dazu Chablis.

Zehnter Gang:
Eclairs mit Schokolade und französischer Vanillecreme

Zutaten: 350 ml Milch, 60 g Butter, 125 g Mehl, 4 Eier, 40 g Zucker, $^1/_2$ Vanilleschote, 3 Blatt Gelatine, 300 g Sahne, Pistazien, Schokoglasur, Salz

Zubereitung: In einem Topf 250 ml Milch, Butter und etwas Salz aufkochen. Das Mehl dazu geben und so lange rühren, bis sich die Masse vom Topf löst. Anschließend in eine Schüssel geben und auskühlen lassen. Die Eier unterrühren und die Masse in einen Spritzbeutel füllen. Auf einem Backblech ca. 6 cm lange Streifen aufspritzen. Im vorgeheizten Ofen bei 200 Grad ca. 15 Minuten goldgelb backen.

In einem Topf 100 ml Milch, Zucker und das Mark der halben Vanilleschote aufkochen. Gelatine in kaltem Wasser einweichen, dann auspressen und unter die Vanillecreme rühren. Vor dem Stocken die geschlagene Sahne unterziehen.

Die fertig gebackenen Eclairs der Länge nach durchschneiden und auf der Unterseite die Vanillecreme aufspritzen. Die Oberseite mit Schokoladenglasur überziehen und wieder zusammensetzen. Danach die Eclairs mit fein gehackten Pistazien bestreuen.

Dazu Tokajer.

Elfter Gang:
Frisches Obst und Käse

Dazu Champagner mit Eiswürfeln.

* alle Mengenangaben für 2 Personen

August der Starke
1670–1733

Im Januar 1733 steht es mit der Gesundheit von August dem Starken nicht zum Besten. Vor allem seine Diabetes und ein zu hoher Blutdruck setzen dem sächsischen Kurfürst zu. Aufgrund der fortschreitenden Diabetes musste ihm bereits eine Zehe amputiert werden. Die letzten Manöver der sächsischen Armee konnte er im Sommer 1732 deshalb nur noch sitzend beobachten. Auf die gewohnten ausschweifenden Feste in Dresden will der sächsische Monarch trotz seines kränklichen Zustandes jedoch nicht verzichten. Wie in seinen besten Tagen feiert der 62-Jährige ausgelassen jedes Fest, das sich ihm bietet. August kann die schwindenden Kräfte seines Körpers nicht akzeptieren. Bis zuletzt will der groß gewachsene Sachse seinem Beinamen »der Starke« alle Ehre machen. Augenzeugenberichten zufolge soll er als junger Mann ganze Hufeisen mit seinen bloßen Händen zerbrochen haben. Und auch auf anderem Gebiet werden ihm sensationelle Kräfte nachgesagt: In Sachsen spricht man von 354 Kindern, die August mit seinen unzähligen Mätressen gezeugt haben soll. Außer seinem einzigen ehelichen Sohn Friedrich August sind allerdings nur acht weitere Kinder aus verschiedenen Liebschaften verbürgt.

Doch auch die Kraft seiner Lenden nimmt mit zunehmendem Alter ab. Seit August das 60. Lebensjahr überschritten hat, verspürt er immer weniger Lust auf Schäferspiele mit seinen jungen Mätressen. Einzig das Essen bleibt ihm ein unverzichtbares Laster. Im Laufe der Jahre hat er sich über 110 Kilo Körpergewicht angefressen. Dass seine unkontrollierten Fressorgien zur Verschlimmerung seiner Diabetes beitragen, ist dem Kurfürst sicher nicht bewusst. Doch selbst wenn er es wüsste, ist höchst fraglich, ob er aus gesundheitlichen Gründen auf die geliebten Festbankette verzichten würde.

Als August im Januar 1733 eine Reise nach Polen plant, raten ihm seine Ärzte aufgrund seines angegriffenen Gesundheitszustandes zu Hause in Dresden zu bleiben und sich zu schonen. Doch August empfindet eine zu hohe Verantwortung gegenüber dem Land, das er nach seinem Übertritt zum Katholizismus als König regiert. »Ich fühle die mir drohende Gefahr, doch bin ich verpflichtet, mehr bedacht zu nehmen auf meine Völker als auf meine Person«, erklärt er und begibt sich am 10. Januar 1733 auf seine letzte große Fahrt. Außer seinen Leibärzten und Bediensteten wird er nur von Graf Heinrich von Brühl begleitet. In Krossen an der Oder legt er einen Zwischenstopp ein, um sich mit Wilhelm von Grumbkow, einem Abgesandten des preußischen Königs, zu treffen. Doch das Treffen endet gleich zu Beginn beinahe im Fiasko. Augusts gesundheitlicher Zustand hat sich inzwischen so weit verschlimmert, dass er sich kaum noch auf den Beinen halten kann und den preußischen Abgesandten beinahe mit seinem Körpergewicht erschlägt. Wilhelm von Grumbkow berichtet später darüber: »Dann betraten wir sein Zimmer. Er war so schlecht zu Fuß, dass er auf mich fiel. Ohne einen Schrank, an den ich mich hielt, wären wir beinahe hingefallen. Ich setzte ihn auf einen Stuhl, und er gab mir die Hand.« Trotz des peinlichen Vorfalls kommt es anschließend noch zu einer anregenden Unterhaltung bei reichlichem Essen und noch größeren Mengen Wein. Es ist Augusts letzte große Fressorgie. Am folgenden Tag erleidet der sächsische Kurfürst auf der Weiterfahrt nach Polen mehrere schwere Ohnmachtsanfälle. Als er in Warschau ankommt, ist er bereits nicht mehr bei Bewusstsein. Am 1. Februar 1733 gegen vier Uhr morgens hat er seinen letzten lichten Moment. Den Leibärzten und Bediensteten, die um sein Krankenbett stehen, gibt er seinen Segen. Danach drückt er sich selbst mit seiner rechten Hand die Augen zu und hört auf zu atmen.

Ein Jahr später findet seine Beisetzung in Krakau statt. Während sein Körper in Polen bleibt, wird sein Herz auf seinen eigenen Wunsch hin in einer silbernen Kapsel nach Dresden gebracht.

Sächsisches Fest-Menü
»Augusts Glanz und Gloria«

Vorspeise:
Olla Potrida

Zutaten: 250 g Rindfleisch, 250 g Lammfleisch, 250 g Hühnerfleisch, 1 Markknochen, 100 g Erbsen, 100 g schwarze Bohnen, 250 g Kartoffeln, 250 g Weißkohl, 250 g Knoblauchwurst, 1 Lorbeerblatt, 1 Bund Suppengemüse, 1 Schweineohr, Safran, Pfeffer, Salz

Zubereitung: Das Fleisch klein schneiden und mit dem Markknochen und dem Schweineohr in einen feuerfesten Topf geben. Das Suppengemüse klein schneiden und in den Topf füllen. Mit zwei Tassen Wasser aufgießen und den Topf schließen. Anschließend das Ganze mit Pfeffer, Salz und Lorbeerblatt würzen und bei 180 Grad in den vorgeheizten Ofen stellen.

Nach zwei Stunden Garzeit grob geschnittene Kartoffeln, Weißkohl, Erbsen und Bohnen und dicke Knoblauchwurstscheiben dazu geben. Etwas Safran in heißem Wasser auflösen und in den Topf einrühren. Weitere 1,5 Stunden bei 180 Grad im Ofen schmoren lassen.

Erster Gang:
Toller Hecht

Zutaten: 1 Hecht, 1 Zitrone, 4 Tomaten, 200 ml Sahne, 100 ml Milch, 1 Bund Petersilie, 1 Zwiebel, 30 g Butter, 5 EL Ketchup, süßer Senf, Pfeffer, Salz

Zubereitung: Den Hecht waschen, trocken tupfen, mit dem Saft einer Zitrone beträufeln, salzen und pfeffern. Eine große Auflaufform oder ein Backblech buttern. Anschließend Zwiebel- und Tomatenwürfel darauf verteilen. Gehackte Petersilie darüber streuen. Den Hecht mit der Bauchseite auf das Gemüsebett legen, mit süßem Senf und mit Ketchup bestreichen. Im vorgeheizten Ofen bei 180 Grad ca. 50 Minuten schmoren.

Die Sahne und die Milch miteinander vermischen und den Hecht während des Garvorgangs immer wieder damit bestreichen.

Zweiter Gang:
Altsächsischer Wildschweinbraten

Zutaten: 1 kg Wildschweinfleisch aus der Keule, 500 ml Buttermilch, 40 g Mehl, 200 ml Rotwein, 1 Bund Schwarzwurzeln, 50 g Speck, 1 kleine Dose Tomatenmark, 2 EL Schweineschmalz, 1 TL Wacholderbeeren, 1 Lorbeerblatt, Zitronensaft, Pfeffer, Salz

Zubereitung: Das Fleisch in der Buttermilch zwei Tage an einem kühlen Ort marinieren.

Anschließend abtrocknen, mit Salz und Pfeffer einreiben und von allen Seiten kräftig anbraten. Die geputzten und grob geschnittenen Schwarzwurzeln mit dem Speck in einer gefetteten Pfanne anrösten. Das Tomatenmark mit Wasser verrühren und gemeinsam mit den zerstoßenen Wacholderbeeren, dem Lorbeerblatt und einem Spritzer Zitronensaft hinzugeben. Das Ganze kurz aufkochen.

Das Wildschweinfleisch in eine große Auflaufform geben und mit dem Tomatenfond übergießen. Bei 200 Grad ca. 80 Minuten im vorgeheizten Ofen schmoren. Dabei mehrmals wenden.

Das Mehl mit dem Rotwein verrühren und am Ende der Garzeit den Tomatenfond hinzugeben. Aufkochen und durch ein feines Sieb passieren. Anschließend über das Wildschweinfleisch geben.

Dritter Gang:
Ochsenschwanz in Petersiliensauce

Zutaten: 1,5 kg Ochsenschwanz, 1 Bund Petersilie, 50 g geräucherter Speck, 1 EL Schweinefett, 1 Zwiebel, 80 g Mandeln, 200 g Doppelrahmfrischkäse, 100 ml Milch, 100 ml Brühe, Pfeffer, Salz

Zubereitung: Den Ochsenschwanz gründlich waschen und trocken tupfen. Den geräucherten Speck in Würfel schneiden und in etwas Schweinefett goldgelb rösten. Den Ochsenschwanz dazu geben und von allen Seiten kräftig anbraten. Die Petersilie waschen und fein hacken. Die Zwiebel schälen und in kleine Würfel schneiden. Zusammen mit den Mandeln, der Milch, der Brühe und dem Frischkäse zum Ochsenschwanz geben. Mit Pfeffer und Salz abschmecken. Das ganze bei mittlerer Flamme zwei Stunden einkochen lassen.

Dessert:
Sächsischer Pflaumenkuchen

Zutaten: 500 g Pflaumen, 300 g Mehl, 15 g Hefe, 125 ml Milch, 60 g Zucker, 100 g Butter, 100 g Mandelblättchen, Salz

Zubereitung: 250 g Mehl in eine Schüssel geben und in die Mitte eine Vertiefung drücken. Die Hefe mit 10 g Zucker in etwas lauwarmer Milch verrühren. Anschließend in die Vertiefung gießen. Mit ein wenig Mehl zudecken. Die Butter und eine Prise Salz auf dem Mehl verteilen und den Teig zugedeckt ca. 20 Minuten gehen lassen.

Danach die Zutaten miteinander vermengen und die restliche Milch hinzufügen. Den Teig so lange kneten, bis er glatt ist und sich mühelos vom Schüsselboden löst. Zugedeckt eine weitere Stunde lang gehen lassen.

Anschließend den Teig ausrollen und in eine gefettete Springform geben. Dabei an den Rändern hochziehen. Die Pflaumen waschen, halbieren und entkernen. Die Pflaumenhälften auf dem Teig verteilen und mit den Mandelblättchen überstreuen. Aus 50 g Butter, 50 g Zucker und 50 g Mehl Streusel herstellen und über die Pflaumenhälften geben. Die Springform in den vorgeheizten Ofen schieben und bei 180 Grad ca. 35 Minuten backen.

Dazu sächsischer Wein.

Andreas Baader
1943–1977

Selten hat Justizassistent Rudolf Springer die Häftlinge im 7. Stock des Hochsicherheitstraktes von Stuttgart-Stammheim so zufrieden und ausgeglichen erlebt. Selbst Andreas Baader, der sich normalerweise mit Beschimpfungen gegen den Staat und seine Bediensteten schwer zurückhalten kann, ist am Abend des 17. Oktober 1977 ausgesprochen freundlich und ruhig. Auf seinem Rundgang durch den neu gebauten Terroristentrakt des Gefängnisses liefert Springer gegen 23 Uhr bei RAF-Mitglied Jan-Carl Raspe eine erbetene Rolle Toilettenpapier ab. Wenige Minuten später steht Springer vor der Zellentür Nummer 719. Dahinter wartet RAF-Mitbegründer Andreas Baader auf seine tägliche Dosis Medikamente. Vor allem auf Schlaftabletten kann der 34-jährige Münchner im Knast nicht mehr verzichten.

Rudolf Springer öffnet die Essensklappe in der Mitte der Tür und sieht in die Zelle. Andreas Baader sitzt auf dem Zellenboden und kaut. Vor dem schießwütigen Revoluzzer steht ein Teller mit vier halben Eierschalen. Baader wischt sich Spuren von hart gekochtem Eidotter aus den Mundwinkeln und steht lächelnd auf. Durch die Essensklappe nimmt er eine Adalin-Tablette in Empfang, steckt sie in den Mund und spült sie mit einem Becher Wasser hinunter. Auf Rudolf Springer macht er einen geradezu heiteren Eindruck. Der Justizvollzugsbeamte wünscht noch einen guten Abend und schließt die Essensklappe wieder. Anschließend stellt er Dämmplatten vor die Zellentür, die verhindern sollen, dass Baader mit den anderen RAF-Häftlingen im Zellentrakt kommunizieren kann. Seit Mitglieder des RAF-Kommandos »Siegfried Hausner« am 5. September 1977 den Arbeitgeberpräsidenten Hanns Martin Schleyer entführt haben, um Andreas Baader, Gudrun Ensslin, Jan-Carl Raspe und Irmgard Möller aus der Haftanstalt freizupressen, wurden die Sicherheitsvorkehrungen in Stammheim noch einmal drastisch erhöht. Die Entführung der Lufthansa-Maschine »Landshut« durch ein palästinensisches Terrorkommando am 13. Oktober 1977 hat die Situation weiter verschärft. Auch die »Landshut«-Entführer fordern die Freilassung der inhaftierten RAF-Terroristen. Andernfalls drohen sie mit der Tötung ihrer Geiseln in der somalischen Hauptstadt Mogadischu.

Der Krisenstab um Bundeskanzler Helmut Schmidt hat indes längst entschieden, dass man den Forderungen der Terroristen keinesfalls nachgeben wird. Im Einvernehmen mit der CDU/CSU-Opposition hat SPD-Kanzler Schmidt die schwerste Entscheidung seines Lebens getroffen: Selbst auf die Gefahr hin, dass Hanns Martin Schleyer von seinen Entführern ermordet werden sollte, werden die RAF-Mitglieder in Stammheim in Haft bleiben. Der Staat will sich nicht erpressen lassen. Zur Befreiung der »Landshut«-Geiseln schickt der Krisenstab mit Genehmigung des somalischen Diktators Siyad Barre eine GSG9-Einheit nach Mogadischu. Am 18. Oktober um 0 Uhr 05 stürmt die Einheit die Maschine. Drei der vier palästinensischen Terroristen werden sofort erschossen, eine Terroristin wird schwer verletzt. Unter den Geiseln gibt es bei der Befreiungsaktion auf dem Rollfeld des Flughafens von Mogadischu lediglich einige Leichtverletzte.

Um 0 Uhr 38 hört Rudolf Springer in seiner Wachkabine im 7. Stock des Sicherheitstraktes Radio. Ein Nachrichtensprecher verkündet: »Hier ist der Deutschlandfunk mit einer wichtigen Nachricht. Die von Terroristen in einer Lufthansa-Boeing entführten 86 Geiseln sind alle glücklich befreit worden. Das bestätigte ein Sprecher des Bundesinnenministeriums soeben in Bonn.« Die Meldung elektrisiert den Justizassistenten. Sofort springt er von seinem Stuhl auf und macht sich auf den Weg in den hinteren Teil des Zellentraktes. Er befürchtet, dass die Meldung zu Unruhe unter den RAF-Häftlingen führen könnte. Ihre Freipressung ist mit dem Ende des Geiseldramas in Mogadischu gescheitert. Doch als Springer um die Ecke des Traktes biegt, liegt der Flur, von dem die Zellen der RAF-Mitglieder abgehen, in friedlicher Stille vor ihm. Beruhigt kehrt der Justizbeamte in seine Wachkabine zurück.

Als die Vollzugsbeamten des Frühdienstes am Morgen des 18. Oktober 1977 den Häftlingen im 7. Stock das Frühstück bringen wollen, machen sie eine grausige Entdeckung. Andreas Baader und Jan-Carl Raspe liegen erschossen in ihren Zellen. Gudrun Ensslin hat sich mit einem Elektrokabel an ihrem Zellenfenster erhängt. Irmgard Möller wird mit mehreren Stichwunden in der Brust auf ihrem Zellenbett gefunden. Sie ist die Einzige, die den kollektiven Selbstmordversuch der RAF-Mitglieder überlebt. Spätere Untersuchungen ergeben, dass die Waffen, mit denen sich Baader und Raspe erschossen, bereits Wochen zuvor in die Haftanstalt geschmuggelt wurden.

Einen Tag nach dem blutigen Ende der RAF-Führungsebene in Stammheim gibt das »Kommando Siegfried Hausner« bekannt, dass man den entführten Arbeitgeberpräsidenten Hanns Martin Schleyer erschossen hat.

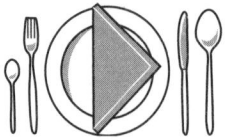

Baaders harte Eier

Zutaten: 2 Eier, Salz

Zubereitung: In einem Topf Wasser zum Kochen bringen. Die Eier in das Wasser legen und so lange kochen lassen, bis sie hart sind. Anschließend herausnehmen, abschrecken, die Schale abpellen und die Eier mit Salz bestreuen.

Dazu ein Becher Wasser.

Francis Bacon
1561–1626

Die letzten Märztage des Jahres 1626 sind ungewöhnlich kalt und stürmisch. In Europa spricht man bereits von einer »kleinen Eiszeit«, die den Kontinent fest im Griff hält. Mühsam quält sich die Kutsche des englischen Politikers und Philosophen Francis Bacon durch das verschneite Umland von London. Bacon ist auf dem Weg zu seinem Landsitz, als er seinem Kutscher plötzlich ein Zeichen gibt anzuhalten. Beim Betrachten der Spuren, die seine Kutsche im Schnee hinterlässt, ist dem 65-Jährigen eine Frage durch den Kopf geschossen, die ihn nachhaltig beschäftigt: Warum bleibt das Gras unter dem Schnee immer grün und frisch?

In den letzten Jahrzehnten hat sich der Philosoph durch seinen Ausspruch »Wissen ist Macht« einen glänzenden Ruf erworben. Er gilt bereits zu Lebzeiten als Wegbereiter einer neuen philosophischen Strömung, des sogenannten Empirismus. Kernpunkt seiner Philosophie ist die Mehrung von Wissen durch empirische Versuche und Experimente. Bisher ist Bacons neuer philosophischer Ansatz allerdings rein theoretisch geblieben. An wissenschaftliche Experimente, die sein Wissen ganz pragmatisch mehren könnten, hat sich der jüngste Sohn des ehemaligen Lordsiegelbewahrers Sir Nicholas Bacon selbst noch nicht herangewagt. Das soll an jenem Tag, da seine Kutsche schwerfällig durch das verschneite Land rumpelt, anders werden.

Bacon steigt stöhnend aus und betrachtet fröstelnd die Spuren, die die Kutschenräder im Schnee hinterlassen haben. Während ihm eiskalter Wind ins Gesicht bläst und seine Wangen rötet, grübelt der alternde Philosoph darüber nach, ob sich durch Schnee nicht auch ganz andere Dinge konservieren ließen. Er gibt seinem Kutscher den Auftrag, von einem nahe gelegenen Bauernhof bei Highgate ein Hühnchen zu holen, es auszunehmen und zu rupfen. Unter dem Gelächter der umstehenden Bauern füllt Bacon anschließend mit bloßen Händen Schnee in den noch warmen Körper des Tieres. Danach schaufelt er schwitzend weiteren Schnee in einen Sack, legt das Hühnchen hinein und lässt sich mitsamt seiner Beute nach Hause kutschieren.

Wenige Tage später taut er das Hühnchen auf, lässt es sich zubereiten und verspeist es zu Abend. Das Fleisch ist zart und unverdorben. Lediglich ein leichtes Kratzen im Hals schmälert den kulinarischen Genuss des experimentierfreudigen Philosophen. Die tatkräftige Wissensmehrung endet für Francis Bacon nur wenig später tragisch: Zwar hat ihm sein lukullischer Versuch die Erkenntnis beschert, dass Speisen durch eisige Kälte länger frisch bleiben – allerdings zog er sich bei seinem Schneeexperiment nahe Highgate eine Lungenentzündung zu, an der er am 9. April 1626 stirbt. Das aufgetaute Hühnchen, die Urform der modernen Tiefkühlkost, ist der letzte kulinarische Genuss, der dem Wegbereiter des philosophischen Empirismus vergönnt ist.

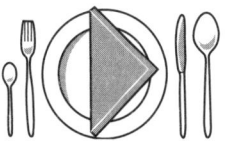

Empirisches Hühnchen
à la Francis Bacon

Zutaten: 1 tiefgekühltes Hühnchen, 12 gekochte Esskastanien (aus der Dose), 100 g Champignons, 1 TL Kalbsfondpulver, 2 TL Preiselbeergelee, 1 EL Weinessig, Salz, Pfeffer, Butter

Zubereitung: Das Hühnchen auftauen, salzen und pfeffern. Anschließend im vorgeheizten Ofen 30 Minuten bei 200 Grad braten. Während der Backzeit das Hühnchen zweimal wenden. Nach 20 Minuten die Esskastanien dazugeben und mitbraten. In der Zwischenzeit die Champignons putzen, vierteln und in etwas Butter anbraten. In einem Topf ca. 10 ml Wasser und das Kalbsfondspulver aufkochen. Anschließend den Weinessig und das Preiselbeergelee darunter mischen. Alles zusammen heiß servieren.

John Belushi
1949 – 1982

John Belushi und Cathy Smith können sich kaum mehr auf
den Beinen halten, als sie am Abend des 4. März 1982 durch die
Straßen von West-Hollywood stolpern. Der 33-jährige »Blues
Brothers«-Star und die Back-Up-Sängerin von »The Band« haben
bereits ein Dutzend Cocktails und ein paar Linien Koks intus, als
sie sich dem »Roxy«-Club am Sunset Strip nähern. Doch das eli-
täre »Roxy« ist nicht ihr eigentliches Ziel. Über dem »Roxy« gibt
es einen noch elitäreren Club namens »On The Rox«, zu dem nur
die Superstars aus dem Filmbusiness Zutritt haben. Anfang der
80er Jahre ist John Belushi so ein Superstar. Seit der Sohn albani-
scher Einwanderer gemeinsam mit Dan Aykroyd den Blockbuster
»The Blues Brothers« abgedreht hat, gehört er zu den Großen im
Showgeschäft. Doch der Ruhm hat auch seine Schattenseiten.
Beinahe jeden Abend zieht der übergewichtige Schauspieler um
die Häuser von Los Angeles und pumpt sich mit Alkohol und Drogen voll. Sein Lebenslicht brennt nur noch mit schwacher Flamme. In der Nacht vom 4. auf den 5. März 1982 wird es endgültig
verlöschen.

Im »On The Rox« kippen Belushi und Cathy Smith weitere
Cocktails und Longdrinks. Danach wechseln sie ins nahe gelegene
Restaurant »Rainbow Bar & Grill«. Belushi löffelt dort mit glasigen
Augen einen Teller Linsensuppe. Es geht ihm nicht besonders. Der
Sauf- und Drogentrip durch das Vergnügungsviertel von Holly-
wood setzt ihm mehr zu, als ihm lieb ist. Er hofft, dass die Linsen-
suppe seinen Körper wieder ein wenig stärken kann. Als es ihm je-

doch auch nach dem Essen noch nicht besser geht, bittet er Cathy, ihn in sein Zimmer im vornehmen »Chateau Marmont Hotel« am Sunset Boulevard zu bringen.

Dort angekommen, legt er sich allerdings nicht sofort ins Bett. Im Gegenteil: Er achtet nicht auf die Zeichen seines erschöpften Körpers, sondern feiert weiter mit Cathy. Gesellschaft erhalten die beiden dabei von zwei prominenten Schauspielerkollegen: Zuerst klopft Comedian Robin Williams an Belushis Hotelzimmertür, etwas später gesellt sich Robert de Niro dazu. Wieder wird das weiße Pulver in dünne Linien geteilt und die prominenten Nasen hochgezogen. Doch Williams und de Niro bleiben nicht allzu lange. Beide mögen Belushi, die Gesellschaft der überdrehten, bisweilen auch streitsüchtigen Cathy Smith ist ihnen hingegen unangenehm. In den frühen Morgenstunden des 5. März 1982 verlassen sie leicht genervt Belushis Hotelzimmer.

Für Cathy Smith und John Belushi ist die Party damit allerdings noch immer nicht vorbei. Obwohl Belushi normalerweise panische Angst vor Nadeln hat, bittet er Cathy, ihm die nächste Drogenportion intravenös zu spritzen. Kokain alleine reicht ihm in dieser Nacht nicht mehr. Cathy nickt, zieht eine Spritze mit Kokain und Heroin auf und jagt ihm den »Speedball« in die Armvene. Anschließend hilft sie Belushi, sich zu waschen und bringt den Hilflosen ins Bett. Als sie das Hotelzimmer verlässt, registriert sie zwar, dass sein Atemrhythmus seltsam unregelmäßig ist, doch sie denkt sich nichts dabei, sondern fährt mit seinem Mercedes zu sich nach Hause.

Als der Schauspieler am nächsten Tag nicht zur vereinbarten Stunde bei seinem persönlichen Fitnesstrainer Bill »Superfoot« Wallace erscheint, macht sich Wallace berechtigte Sorgen. Mehrfach versucht er Belushi telefonisch zu erreichen, doch ohne Erfolg. Wallace macht sich deshalb zum »Chateau Marmont Hotel« auf, um persönlich nachzusehen, was los ist. Er findet John Belushi in seinem Zimmer auf dem Bett liegend, ein großes Kissen über seinem Kopf. Als Wallace das Kissen wegzieht, sieht er Belushis geschwollenen Kopf. Alles Blut hat sich in einer Gesichtshälfte gesammelt, die Zunge des Schauspielers hängt weit aus dem geöffneten Mund. Wallace erkennt sofort, dass Belushi bereits seit mehreren Stunden tot ist. Bei der Obduktion seiner Leiche wird später eine akute Kokain- und Heroinvergiftung festgestellt.

Seine nächtliche Begleiterin Cathy Smith wird nach einem Interview mit dem »National Enquirer«, in dem sie zugibt, Belushi den tödlichen »Speedball« injiziert zu haben, verhaftet und wegen Mordes angeklagt. Im folgenden Prozess wird die Anklage jedoch auf »fahrlässigen Totschlag« abgemildert und Cathy zu achtzehn Monaten Haft verurteilt.

Linsensuppe »Speedball«

Zutaten: 150 g Linsen, 50 g Bauchspeck, 1 Zwiebel, Suppengrün, 1 Lorbeerblatt, 1 EL Liebstöckel, $^1/_4$ Liter Fleischbrühe, 3 Wiener Würstchen, 150 g Kartoffeln, Pfeffer, Salz, Obstessig

Zubereitung: Linsen über Nacht in Wasser einweichen lassen. Am nächsten Tag Zwiebeln und Bauchspeck würfeln und glasig dünsten. Linsen mit dem Einweichwasser hinzufügen. Anschließend Suppengemüse klein schneiden, Kartoffeln schälen und würfeln und in die Suppe geben. Lorbeerblatt und Liebstöckel hinzufügen. Mit der Fleischbrühe übergießen und die Suppe kräftig aufkochen. Danach die Linsensuppe auf kleinster Flamme ca. 30–40 Minuten köcheln lassen. 10 Minuten vor dem Ende der Kochzeit die Würstchen in die Suppe geben. Anschließend mit Salz und Pfeffer würzen. Nach Bedarf mit Obstessig verfeinern.

Dazu delikate Longdrinks.

Tycho Brahe
1546 – 1601

Zwischen den Gängen des opulenten Festbanketts am Hof des Prager Barons Peter von Rosenberg fingert Tycho Brahe immer wieder einen kleinen Lappen aus seinem Jackenärmel. Als 20-jähriger Student geriet der dänische Astronom mit seinem Cousin Manderup Parsberg über eine fehlgeschlagene astrologische Vorhersage in Streit. Tycho Brahe hatte den Tod Suleimans des Großen geweissagt und seine kühne Prophezeiung sogar in ein lateinisches Gedicht gekleidet. Leider lebte der osmanische Herrscher zu diesem Zeitpunkt bereits sechs Monate nicht mehr. Brahe wurde daraufhin von seinem schadenfrohen Cousin verspottet und beleidigt. Bei der anschließenden handfesten Klärung des Konflikts büßte Brahe seine Nase in einem Säbel-Duell ein. Seitdem trägt er eine Prothese aus Gold und Silber im Gesicht. Mit dem kleinen Lappen aus seinem Jackenärmel und einer Metallpolitur hält er das gute Stück sauber.

Brahes Hang zu Extravaganzen ist in ganz Europa bekannt. Die ausschweifenden Feste, die er früher in seinem Schloss Uranienborg auf einer kleinen dänischen Insel feierte, machten ihn ebenso berühmt wie seine astronomischen Arbeiten. In Schloss Uranienborg unterhielt er seine Gäste mit mechanischen Spielzeugen, einem Geschichten erzählenden Zwerg namens Jepp und einem zahmen Elch, der jedoch verfrüht ein tragisches Ende fand: Infolge ungezügelten Bierkonsums stürzte der Elch eine Schlosstreppe hinunter und brach sich das Genick. Dass er nicht nur ein vorzüglicher Gastgeber, sondern auch ein ebensolcher Gast sein kann, will Tycho Brahe im Oktober 1601 anlässlich des Festbanketts bei Baron Peter von Rosenberg beweisen. Penibel achtet der Hofastronom von Kaiser Rudolf II. auf die Einhaltung der höfischen Etikette. Wie üblich konsumiert Brahe neben den aufgetafelten Speisen erhebliche Mengen Alkohol. Der 55-Jährige gilt als ausgesprochen trinkfest. Doch schon bald verspürt Brahe einen vermehrten Druck auf der Blase. Dennoch weigert er sich standhaft, die Tafel vor seinem Gastgeber Baron von Rosenberg zu verlassen. Sein Kollege und späterer Nachfolger am Hof Kaiser Rudolfs II. Johannes Kepler vermerkt dazu später: »Als er mehr trank, fühlte er eine zunehmende Spannung in der Blase, stellte die Artigkeit aber seiner Gesundheit voran. Als er zu Hause ankam, vermochte er kaum zu harnen.«

Noch in der Nacht bekommt der höfliche Astronom starkes Fieber. Durch den starken Druck ist Brahes Blase eingerissen. Ungehindert strömt der zurückgehaltene Harn in den Körper des Wissenschaftlers und vergiftet ihn unaufhaltsam. Nach qualvollen zehn Tagen, in denen sich Ohnmachtsanfälle und Delirien abwechseln, stirbt Tycho Brahe. Seine letzten Worte lauten: »Ich habe nicht umsonst gelebt.«

Dass er tatsächlich nicht umsonst gelebt hat, zeigt sich später im Werk seines Nachfolgers Johannes Kepler. Kepler macht die umfassende planetarische Datensammlung Brahes und dessen penible Berechnungen über den Verlauf der Sterne zur Grundlage seiner eigenen Arbeit und wird damit zum bekanntesten Astronomen seiner Zeit. Keplers Gegner konstruieren aus diesem Umstand eine Mordtheorie, die besagt, Brahe sei von seinem Nachfolger durch Quecksilber vergiftet worden. Doch eine Untersuchung der Überreste Tycho Brahes Jahrhunderte nach seinem Tod beweist eindeutig, dass der trinkfreudige Astronom Opfer seiner übertriebenen Höflichkeit wurde.

Prager Menü
»Höflicher Astronom«

Horsd'oeuvre:
Nierenpastete

Zutaten: 600 g Lammnieren, 200 g roher Schinken, 150 g Büffel-Mozzarella, 100 g Roggenvollkornmehl, 200 g Weißmehl, 120 g Butter, $1/2$ Liter Rinderbrühe, 1 Ei, 1 TL Zitronensaft, Salz, Pfeffer, etwas Safran

Zubereitung: Das Mehl mit der Butter und 100 ml gesalzenem Wasser zu einem Teig kneten und ca. eine Stunde im Kühlschrank ruhen lassen. Die Lammnieren von den weißen Strängen befreien und häuten. In der Rinderbouillon rund zehn Minuten köcheln lassen. Anschließend herausnehmen und in Würfel schneiden. Den Mozzarella in feine Scheiben schneiden. $2/3$ des Teigs in eine gebutterte Ofenform legen. Mit einem Teil des Schinkens Boden und Seitenwände auskleiden und die Nierenwürfel hineinfüllen. Danach mit dem Rest des Schinkens und dem Mozzarella bedecken. Mit Zitronensaft beträufeln und mit Salz und Pfeffer würzen. Aus dem restlichen Teig einen Deckel formen, die Pastete damit zudecken und die Teigränder mit Eiweiß verkleben. Das Eigelb mit etwas Safran mischen und die Teigoberfläche damit bestreichen. Bei 180 Grad im vorgeheizten Ofen ca. 50 Minuten backen.

Vorspeise:
Ei-Möhren-Suppe

Zutaten: 500 g Möhren, $1/2$ Liter Gemüsebrühe, $1/2$ Liter weißer Traubensaft, 3 Eigelb, 50 g geriebener Emmentaler, 1 Zweig Thymian, Zimt, Safran, Muskat, Salz, Pfeffer, Butter

Zubereitung: Die Möhren putzen und klein schneiden. Anschließend in Butter andünsten und in der heißen Gemüsebrühe ca. 15 Minuten kochen. Den Thymianzweig hinzugeben und mit Salz und Pfeffer würzen.

Sobald die Möhren gar sind, den Emmentaler, etwas Safran, Zimt, Muskat und ½ Liter weißen Traubensaft hinzugeben. Kurz ziehen lassen und den Thymianzweig herausnehmen. Zum Schluss die drei Eigelb hinzugeben und die Suppe kurz aufwallen lassen.

Hauptspeise:
Prager Fleischtopf

Zutaten: 1 kg Rindfleisch, 600 g Kartoffeln, 250 g Zwiebeln, 5 Tomaten, 150 g Möhren, ½ Liter Weißwein, 4 Knoblauch zehen, 2 Lorbeerblätter, Paprikapulver, Petersilie, Salz, Pfeffer

Zubereitung: Das Fleisch in große Würfel schneiden. Die Kartoffeln waschen, schälen und ebenfalls in Würfel schneiden. Die Zwiebeln schälen und klein hacken. Die Knoblauchzehen putzen und vierteln. Anschließend in einem feuerfesten Topf immer einen Teil des Fleisches und einen Teil des Gemüses abwechselnd aufschichten. Die einzelnen Lagen mit Pfeffer und Salz würzen. Auf die oberste Schicht die geschnittenen Tomaten füllen und mit den Lorbeerblättern, Petersilie und dem Paprikapulver bedecken. Anschließend noch einmal mit Salz und Pfeffer abschmecken und mit einem halben Liter Weißwein begießen. Falls nötig, Wasser hinzufügen, damit alles bedeckt ist. Den Topf mit einem Deckel verschließen und das Ganze auf mittlerer Flamme aufkochen. Anschließend bei ca. 150 Grad im vorgeheizten Backofen rund zwei bis drei Stunden schmoren.

Nachspeise:
Krebstorte

Zutaten: 20 Flusskrebsschwänze, 250 g Mehl, 5 Eier,
125 g geriebene Lebkuchen, 3 Feigen, 1 Apfel, 50 g geriebener
Parmesan, 25 g Schmalz, Petersilie, etwas Safran, Pfeffer, Salz

Zubereitung: Das Mehl, zwei Eier, Schmalz und zwei Esslöffel
Wasser zu einem Teig verarbeiten und einige Stunden im Kühlschrank kalt stellen.

Aus den restlichen Eiern, dem Parmesan und den geriebenen
Lebkuchen eine Füllmasse mischen. Mit etwas Safran, gehackter
Petersilie, Salz und Pfeffer abschmecken. Anschließend $^2/_3$ des
gekühlten Mehl-Eier-Teigs in einer gefetteten Ofenform ausbreiten. Die Lebkuchen-Käse-Füllmasse hinzugeben und die Krebsschwänze hineindrücken. Dazwischen den in Scheiben geschnittenen Apfel und die in Streifen geschnittenen Feigen verteilen.
Den Rest des Teigs darauf legen und die Teigränder mit etwas
Wasser verkleben. Die Oberfläche mit etwas Schmalz bestreichen.
Anschließend das Ganze bei 200 Grad im Ofen ca. 45 Minuten
fertig backen, bis die Kruste goldbraun ist.

Dazu Wein, Wein, Wein.

Susanna Margaretha Brandt
1746 – 1772

Als ein unbekannter Goldschmiedegeselle aus Holland kurz vor Weihnachten 1770 in der Frankfurter Herberge »Zum Einhorn« absteigt, nimmt das Leben von Susanna Margaretha Brandt eine dramatische Wendung. Seit vielen Jahren arbeitet die 24-jährige Frankfurterin bereits als Dienstmagd in der kleinen Herberge. Von früh bis spät schrubbt sie Böden und macht die Wäsche. Freizeit oder ein Privatleben hat Susanna dabei nicht kennen gelernt. Für den unbekannten Gast aus Holland ist die Vollwaise deshalb ein leichtes Opfer. Er lädt die junge Frau zum Wein ein, macht ihr Komplimente und schmeichelt ihr. Die in Liebesdingen vollkommen unerfahrene Dienstmagd lässt sich von den Worten des Fremden einlullen. Der genossene Wein tut sein Übriges.

Als der eloquente Goldschmiedegeselle am nächsten Tag nach Russland weiterzieht, trägt Susanna ein Andenken im Bauch, das ihr Monate später den Kopf kosten wird. Das Ausbleiben ihrer Regelblutung bekämpft sie zunächst mit heißem Tee. Als ein Arzt, den sie aufsucht, nichts von ihrer ungewollten Schwangerschaft bemerkt, beschließt sie, das heranwachsende Kind in ihrem Bauch auch vor ihrer Arbeitgeberin und ihren Geschwistern zu verheimlichen.

Am Abend des 1. August 1771 wird sie während ihrer Arbeit in der Waschküche von heftigen Wehen geplagt. Susanna versucht die Anzeichen der kurz bevorstehenden Geburt zu ignorieren. Sie arbeitet einfach weiter, bis es nicht mehr geht. Ohne weitere Vorankündigung drängt das ungewollte Kind mit aller Macht ans

Licht der Welt. Mit dem Kopf voran poltert das Neugeborene auf den Steinfußboden. Susanna weiß nicht, ob das Kind den Sturz überlebt hat, sie überprüft es auch nicht. Allein der Gedanke, dass nun alles herauskommen wird, spukt in ihrem Kopf herum. Sie glaubt die Schande nicht ertragen zu können, als unverheiratete Frau ein Kind empfangen zu haben. In Panik würgt sie das Neugeborene und schlägt es mit dem Kopf gegen ein Holzfass. Anschließend versteckt sie die Leiche unter Heu und Pferdestroh im Stall der Herberge.

Im Morgengrauen des nächsten Tages verlässt sie in aller Stille die Herberge »Zum Einhorn« und taucht in Mainz unter. Als ihre wenigen Ersparnisse zwei Tage später aufgebraucht sind, kehrt sie nach Frankfurt zurück und lässt sich widerstandslos am Stadttor festnehmen. Bei der Gerichtsverhandlung im Frankfurter »Römer« gesteht und bereut sie die Tat. Dennoch lassen die Richter keine Milde walten. Susanna Margaretha Brandt wird am 12. Oktober 1771 zum Tod durch das Schwert verurteilt. Ein Gnadengesuch ihres Verteidigers Marcus Augustus Schaaf wird abgelehnt. Die Stunde ihrer Hinrichtung ist für den 14. Januar 1772 vorgesehen. Gegen sechs Uhr morgens treffen an diesem Tag zwei Richter, zwei Pfarrer sowie der Frankfurter Scharfrichter mit seinen beiden Söhnen im Gefängnis »Katharinenturm« ein. Ein weiteres Mal wird der unglücklichen Dienstmagd das Todesurteil vorgelesen. Anschließend bricht der oberste Richter einen kleinen roten Holzstab über ihrem Kopf. Während die Geistlichen gemeinsam mit der Verurteilten beten, wird bereits Susannas Henkersmahlzeit aufgetafelt: Gerstensuppe, Blaukraut, Rindfleisch, gespickter Kalbsbraten, Schwarzbrot, Krapfen, Konfekt, Wasser und Wein. Doch Susanna verspürt angesichts ihrer bevorstehenden Hinrichtung wenig Appetit. Sie begnügt sich mit einem Glas Wasser, während sich die Richter und ihre Henker über die deftigen Speisen hermachen. Frisch gestärkt eskortieren sie die Verurteilte anschließend zum Schafott vor der Frankfurter Hauptwache. Unter dem Beifall Tausender Schaulustiger bindet man Susanna auf einen Stuhl und Scharfrichter Johann Hoffmann schlägt ihr mit einem Schwert den Kopf vom Hals. Der grausamen Hinrichtung wohnt auch ein junger Frankfurter Jurist bei, der den Prozess um die unglückselige Kindsmörderin aus literarischem Interesse genauestens verfolgt hat. Der Mann heißt Johann Wolfgang von Goethe. Susanna Margaretha Brandt wird ihm später als Vorbild für das »Gretchen« in seinem »Faust« dienen.

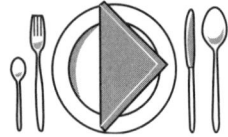

Menü »Gretchens Letztes«

Vorspeise:
Gerstensuppe

Zutaten: 75 g Gerste, 1 Liter Fleischbrühe, 100 g Sellerie, 100 g Karotten, 50 g Lauch, 50 g Schinkenspeck, Salz, Pfeffer

Zubereitung: Karotten und Sellerie klein schneiden. Zusammen mit der Gerste ca. 45 Minuten in der Fleischbrühe kochen. Den Lauch in kleine Röllchen schneiden. Nach 15 Minuten Kochzeit mit in die Karotten-Sellerie-Gersten-Brühe geben. Schinkenspeck in Würfel schneiden und kurz anbraten. Anschließend mit in die Gerstensuppe geben und die Suppe mit Salz und Pfeffer abschmecken.
   Dazu Wein und Wasser.

Erster Hauptgang:
Rinderschmorbraten

Zutaten: 600 g Rinderschmorbraten, 30 g Porree, 30 g Sellerie, 100 g Champignons, 1/8 Liter Rotwein, 1/8 Liter Fleischbrühe, 3 EL Sahne, 3 TL Senf, 1 Zwiebel, 3 TL Stärkemehl, 1 Knoblauchzehe, Pfeffer, Salz, Paprikapulver, 20 g Butter

Zubereitung: Den Rinderschmorbraten mit Senf bestreichen. Anschließend mit Pfeffer, Salz und Paprikapulver würzen. In heißem Fett auf großer Flamme ringsum anbraten. Den Braten wieder herausnehmen und warm stellen. Das Gemüse klein schneiden und im Bratensaft anschmoren. Danach mit dem Rotwein ablöschen und auf kleiner Flamme einkochen lassen. Den Rinderschmorbraten auf das Gemüse geben und bei geschlossenem Topf ca. 2 Stunden schmoren lassen. Anschließend den Braten wieder herausnehmen und erneut warm stellen. Das Gemüse pürieren und mit 1/8 Liter Fleischbrühe auffüllen. Die Sauce mit Sahne und Stärkemehl andicken. Den Rinderbraten wieder dazu geben und servieren.

Dazu Wein und Wasser.

Zweiter Hauptgang:
Gespickter Kalbsbraten

Zutaten: 1 kg Kalbsbraten, 80 g junger Gouda, 100 g Rinderzunge, 4 Zwiebeln, 1 Knoblauchzehe, 200 g saure Sahne, Suppengrün, Butterschmalz, Salz, Pfeffer

Zubereitung: Den Gouda, die Rinderzunge, zwei Zwiebeln und die Knoblauchzehe in dünne Streifen schneiden. Den Kalbsbraten in Faserrichtung damit spicken. Anschließend mit Salz und Pfeffer bestreuen, in einen Bräter geben und mit heißem Butterschmalz begießen. Suppengrün grob schneiden und die restlichen zwei

Zwiebeln vierteln. Suppengrün und Zwiebeln mit in den Bräter geben. Den Kalbsbraten auf großer Flamme rundherum anbraten. Mit 250 ml warmem Wasser begießen und im vorgeheizten Ofen bei 180 Grad 75 Minuten zu Ende garen. Zwischendurch immer wieder mit dem Bratenfond begießen. Anschließend den Bratenfond durch ein Sieb passieren und die saure Sahne hinzufügen. Zusammen mit dem Kalbsbraten servieren.

Dazu Wein und Wasser.

Beilage:
Blaukraut

Zutaten: 500 g Rotkohl, 20 g Gänseschmalz, 1 TL Zucker, 1 Zwiebel, 1 Apfel, 3 EL Rotweinessig, Pfeffer, Salz

Zubereitung: Den Rotkohl halbieren und in sehr feine Streifen schneiden. In einem Topf Gänseschmalz erhitzen. Zucker hinzufügen und leicht karamellisieren lassen. Die Zwiebel in Würfel schneiden. Den Apfel schälen, das Kerngehäuse entfernen und in kleine Scheiben schneiden. Anschließend die Apfelscheiben mit den Zwiebelwürfeln in dem Gänseschmalz anschwitzen. Den Rotkohl hinzugeben, umrühren und mit Rotweinessig übergießen. Den Kohl mit Pfeffer und Salz würzen, $1/8$ Liter Wasser hinzufügen und auf kleiner Flamme bei geschlossenem Deckel ca. 45 Minuten zu Ende schmoren.

Dessert:
Krapfen

Zutaten: 250 ml Milch, 1 Würfel Hefe, 500 g Mehl, 2 Eier, 2 Eigelb, 40 g Zucker, 50 g Butter, 250 g Marmelade, Puderzucker, Salz, Frittierfett

Zubereitung: In einem Topf 100 ml Milch erhitzen. Die Hefe hineinbröseln und verrühren. Mit 150 g Mehl zu einem Vorteig verarbeiten. Anschließend den Teig abgedeckt an einem warmen Ort ca. 25 Minuten gehen lassen.

Die Eier, das Eigelb und den Zucker verrühren. Mit dem Vorteig, der restlichen Milch, dem restlichen Mehl, der Butter und etwas Salz zu einem geschmeidigen Teig verkneten. Zugedeckt erneut ca. 25 Minuten gehen lassen. Danach den Teig in kleine Kugeln formen. Die Kugeln flach drücken und zugedeckt weitere 45 Minuten ruhen lassen, bis sich ihr Volumen verdoppelt hat.

Das Frittierfett auf 170 Grad erhitzen. Die Krapfen auf beiden Seiten goldgelb darin ausbacken. Danach herausnehmen und abtropfen lassen. Mit einem Spritzbeutel seitlich die Marmelade hineinspritzen und mit Puderzucker bestreuen.

Dazu Konfekt.

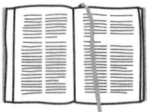

Buddha
563 – 483 v. Chr.

Im Alter von 29 Jahren bricht Siddhartha Gautama aus seinem goldenen Käfig aus. Sein bisheriges Leben verbrachte der Prinz aus einem alten Adelsgeschlecht in einem abgeschirmten Palast im Norden Indiens. Es fehlte ihm an nichts, alle erdenklichen Luxusgüter, die ein angenehmes Leben ermöglichen, standen allzeit zu seiner freien Verfügung. Sein Vater Suddhodana sorgte dafür, dass Siddhartha von allem weltlichen Leid ferngehalten wurde. Sobald der Prinz den Palast für einen Spaziergang verlassen wollte, wurden zuvor vorsorglich alle Alten, Kranken und Bettler von den Straßen entfernt. Siddhartha sollte eine Welt ohne Leid und Elend vorfinden. Doch auf Dauer ließ sich die seltsame Abschirmungstaktik von Vater Suddhodana nicht konsequent durchhalten.

Bereits kurz nach seiner Hochzeit und der Geburt seines Sohnes Rahula wurde der weltfremde Prinz zufällig mit den Schattenseiten des Lebens konfrontiert. Siddhartha begegnete Alten, Kranken, Bettlern und Sterbenden. Die schockierenden Begegnungen erweckten in dem jungen Prinz ein Gefühl innerer Leere. Sein bisheriges Leben erschien ihm plötzlich dekadent und sinnlos.

Mit 29 Jahren verlässt er deshalb den Palast des Vaters und zieht die nächsten Jahre auf der Suche nach spirituellen Erfahrungen durch das Ganges-Tal. Im Jahr 528 v. Chr. geschieht das, was sich der meditierende Asket auf seiner Wanderschaft immer erhofft hat: Unter einer Pappelfeige am Ufer des Neranjara-Flusses erfährt Siddhartha eine Art spirituelle Erleuchtung, die ihn zum allwissenden Buddha macht. Von diesem Moment an widmet der nunmehr 35-jährige sein zukünftiges Leben der Lehre und Weitergabe seiner spirituellen Erkenntnisse. Begleitet von einer Schar lernwilliger Mönche zieht er durch die Lande und gibt sein Wissen weiter.

In seinem 80. Lebensjahr macht er mit seinen Jüngern in einer kleinen Stadt namens Fazilnagar Halt. Wie auf all ihren vorherigen Stationen werden die meditierenden Männer von einem gastfreundlichen Bewohner zum Essen eingeladen. In Fazilnagar ist es ein Schmied namens Cunda. Cunda will den Mönchen etwas ganz Besonderes auftischen. In einem großen Kessel kocht er ihnen »Skaramaddava« – eine Art Wildschweineintopf. Die Speise duftet köstlich, doch Buddha ist bei näherer Betrachtung skeptisch, ob sie tatsächlich genauso schmackhaft mundet, wie sie riecht. Er lässt nur für sich einen Teller des Gerichtes von Cunda servieren und verbietet seinen Jüngern, davon zu kosten. Falls das Fleisch nicht mehr genießbar sein sollte, wie er befürchtet, will er der Einzige sein, der unter den Folgen zu leiden hat. Um seinen Gastgeber nicht zu beleidigen, isst er den Teller jedoch bis auf den letzten Bissen leer. Ein großer Fehler, wie sich bereits am nächsten Tag herausstellen soll: Buddha windet sich in Bauchkrämpfen, schwere Koliken foltern seinen Körper. Das Wildschweinfleisch war tatsächlich verdorben, ohne dass der gastfreundliche Schmied es selbst gewusst hätte. Geschwächt und matt verlässt Buddha noch am selben Tag mit seinen Jüngern Fazilnagar, um dem Schmied kein schlechtes Gewissen durch den Anblick seiner schweren Erkrankung zu machen. Auf der Wanderung muss sich der 80-jährige immer wieder abseits des Weges erleichtern und ausruhen. Nahe der Stadt Kusinara kann Buddha dann nicht mehr. In einem kleinen Hain bauen ihm seine Jünger ein Ruhelager, auf dem er sich schmerzverkrampft auf die Seite rollt. Kalter Schweiß perlt von seiner Stirn. Seine Jünger bringen ihm Wasser und benetzen ihm die Lippen damit. Ein letztes Mal spricht Buddha zu seinen Gefolgsleuten. Dann verliert er das Bewusstsein und stirbt wenig später an den Folgen der erlittenen Lebensmittelvergiftung.

Wildschweineintopf
»Skaramaddaua«

Zutaten: 1,5 kg Wildschweinfleisch, 1 Zitrone, 3 große Zwiebeln, 1,5 kg Fleischtomaten, 2 EL Ingwerpulver, 1 EL Oregano, 1 EL Basilikum, 1 EL Minze, 1 TL Zimt, 1 TL Muskat, 1 Tube Tomatenmark, 3 Chilischoten, 6 Knoblauchzehen, 2 Tassen schwarze Oliven, 1 Flasche Rotwein, Öl, Salz, Pfeffer

Zubereitung: Das Wildschweinfleisch in walnussgroße Stücke schneiden, in eine Schüssel geben und mit dem Saft einer Zitrone übergießen.

Den Boden einer großen Kasserolle mit Olivenöl bedecken. Das Öl langsam erhitzen. Dann die Zwiebeln in kleine Würfe schneiden und im heißen Öl glasig dünsten.

Ingwerpulver, Oregano, Basilikum, Minze, Zimt, Muskat, etwas Salz und schwarzen Pfeffer unter das Wildschweinfleisch kneten. Das Fleisch zu den Zwiebeln in die Kasserolle geben und scharf anbraten. Danach mit etwas Wasser ablöschen.

Die Tomaten kurz in einen Topf mit heißem Wasser geben. Danach herausnehmen, schälen und klein schneiden. Die Tomatenmasse mit in die Kasserolle füllen und vorsichtig aufkochen lassen. Dabei mehrmals umrühren. Anschließend die Tube Tomatenmark, die klein geschnittenen Chilischoten und die Knoblauchzehen hinzugeben.

Dann das Ganze rund zwei Stunden köcheln lassen. Die verdampfende Flüssigkeit dabei immer wieder mit Rotwein auffüllen. Nach ca. einer Stunde Kochzeit die schwarzen, entkernten Oliven untermengen.

Zum Schluss die Knoblauchzehen herausnehmen und den Wildschweineintopf mit einem Schuss Öl abschmecken.

Nicolae Ceausescu
1918 – 1989

Am 22. Dezember 1989 glaubt Nicolae Ceausescu seinen Ohren nicht mehr trauen zu können. Gegen 11 Uhr 30 tritt der rumänische Staatschef auf den Balkon des Gebäudes des Zentralkomitees der Kommunistischen Partei, um zu den Demonstranten zu sprechen, die sich im Stadtzentrum von Bukarest versammelt haben. Ceausescu ist der festen Überzeugung, das tobende Volk mit ein paar salbungsvollen Worten wieder beruhigen zu können. Schließlich wird er von seinen Genossen nicht umsonst »Titan der Titanen« oder »Sohn der Sonne« genannt. Der Personenkult, den der Bauernsohn aus Scornicesti in seiner knapp 20-jährigen Diktatur trieb, hat bizarre Spuren bei Ceausescu hinterlassen: Inzwischen glaubt er selbst all das, was sein Propagandaapparat unablässig über ihn verbreitet. Der 71-Jährige hält sich für unverwundbar und stark genug, jede politische Krise mit dem kleinen Finger zu meistern. In Wahrheit ist der rumänische Diktator im Laufe seiner Herrschaft einer mittleren Form von Größenwahn erlegen.

Als er am 22. Dezember 1989 auf den Balkon tritt, wird er von Zehntausenden Demonstranten gnadenlos ausgepfiffen. Ceausescu kann es nicht fassen. Zunächst glaubt er an eine Verwechslung. Immerhin ist er doch die »glorreiche Eiche aus Scornicesti«, wie es in jedem rumänischen Propagandablättchen steht. Doch der überforderte Diktator hat nicht allzu viel Zeit, sich an die Realitäten zu gewöhnen. Während er noch fassungslos auf dem Balkon steht und mit Buhrufen eingedeckt wird, stürmen die ersten

Demonstranten bereits den Eingang des Zentralkomitee-Gebäudes. Es ist höchste Zeit für den Diktator. Gemeinsam mit seiner Frau Elena flieht er per Hubschrauber vom Dach des Hauses. Ceausescu will in die kleine Stadt Targoviste nördlich von Bukarest. Im dortigen Kombinat für Spezialstahl verspricht sich der 71-Jährige Schutz und Unterstützung von den Arbeitern. Doch Ceausescus Realitätssinn hängt den historischen Ereignissen weiter hinterher. Auch in Targoviste hat man von der Flucht des Diktatorenehepaares erfahren und sie folgerichtig als Indiz für den Zusammenbruch des Regimes interpretiert. Die Fabriktore des Kombinats bleiben für Ceausescu und seine Frau Elena geschlossen.

Wenig später wird das Paar von einer Milizstreife aufgegriffen und in die Kaserne von Targoviste überführt. Innerhalb von wenigen Stunden ist Nicolae Ceausescu vom Oberbefehlshaber der rumänischen Truppen zu deren Gefangenen geworden. Der selbsternannte »irdische Gott« kann sich nicht damit abfinden. Er schreit und tobt, als er mit Elena in einem stickigen Raum seine Zivilkleider gegen mottenzerfressene Militärsachen wechseln muss. Das Zimmer, in das man die beiden gebracht hat, ist vollständig abgedunkelt und nur provisorisch mit Betten ausgestattet. Ceausescu schäumt vor Wut. Er tobt weiter und kann nur mühsam von Elena beruhigt werden, die ihn wie ein Kind streichelt und leise auf ihn einredet.

Am Abend versorgt das Wachpersonal die prominenten Gefangenen mit Essen: Rumänischer Weißkäse, Salami, dunkles Brot, Äpfel und Tee. Ceausescu beschwert sich wütend über den »Schweinefraß«. Seine Bewacher versichern ihm, dass sie froh wären, wenn sie täglich das zu essen bekommen würden, worüber er sich beschwert. Nur der Tee wird dem zornigen Ex-Diktator die nächsten Male ungesüßt serviert, da Ceausescu aufgrund seiner Diabetes-Erkrankung keinen Zucker zu sich nehmen darf. Ansonsten ändert sich an der Speisekarte für das festgesetzte Paar bis zu ihrem Tod nichts.

In Bukarest hat inzwischen der »Rat der Nationalen Rettungsfront« um Ion Iliescu die Macht übernommen. Um die Sicherheit im Land wieder herzustellen und einen Bürgerkrieg zu verhindern, sind die Ratsmitglieder der festen Überzeugung, dass das alte Diktatorenehepaar möglichst schnell vor ein Gericht gestellt und abgeurteilt werden muss.

Am 25. Dezember 1989 schickt man deshalb ein militärisches Sondertribunal unter Vorsitz von Richter Gica Popa in die Kaserne nach Targoviste. Gegen 13 Uhr 30 werden Nicolae und Elena Ceausescu in einen improvisierten Gerichtssaal gebracht und nach knapp einstündiger Verhandlung wegen Völkermordes zum Tode verurteilt. Für die Beteiligten birgt das Urteil keine großen Überraschungen: Es stand bereits vor Beginn des eilig durchgeführten Schauprozesses fest. Nach ihrem letzten Willen befragt, gibt das Ehepaar an, gemeinsam sterben zu wollen. Dieser Wunsch wird ihnen erfüllt.

Gegen 15 Uhr führt man sie in den Innenhof der Kaserne an eine Mauer. Anschließend bindet man ihnen die Hände. Elena Ceausescu kann es zu diesem Zeitpunkt noch immer nicht begreifen. »Nicolae, man ermordet *uns*? In *unserem* Rumänien?«, fragt sie verwirrt. Ihr Mann beginnt kurz darauf die Internationale zu intonieren. Für die Todesschützen ist es das Signal loszufeuern. Im Kugelhagel dreier Kalaschnikows sterben Nicolae und Elena Ceausescu am 1. Weihnachtsfeiertag 1989.

Rumänischer Diktatoren-Imbiss
»Glorreiche Eiche aus Scornicesti«

Zutaten: Rumänischer Weißkäse, Rumänische Salami, dunkles Brot, Äpfel

Zubereitung: Den Käse in kleine Häppchen, die Salami in Scheiben schneiden. Auf einer Platte anrichten und mit dem Brot und den Äpfeln servieren.

Dazu ungesüßter Tee.

Kaiser Claudius
10 v. Chr. – 54 n. Chr.

Seit es mehrere Anschläge auf sein Leben gegeben hat, ist Claudius vorsichtig geworden. Fremde, die dem römischen Kaiser gegenübertreten wollen, werden zuvor peinlich genau auf Waffen untersucht. Im Jahr 54 n. Chr. gibt es eigentlich nur noch zwei Menschen, denen der 64-jährige Herrscher vertraut: Seiner Frau Agrippina und seinem Sohn Britannicus. Britannicus entstammt einer früheren Ehe des Kaisers und steht im Range eines Thronfolgers. Agrippina ist die Nichte von Claudius, die der stotternde Imperator erst mit einer Sondergenehmigung des Senats ehelichen durfte. Auch sie hat einen Sohn aus einer früheren Verbindung mit in die Ehe gebracht: Einen rothaarigen, leicht dicklichen Teenager namens Nero. Agrippinas Plan ist es, Nero zum mächtigen Nachfolger ihres Gatten aufzubauen. Zum Teil ist ihr Vorhaben bereits geglückt. Claudius hat Nero adoptiert und ihm die Hand seiner Tochter Octavia versprochen. Dennoch rangiert Claudius' leiblicher Sohn Britannicus in der Thronfolge noch immer vor Nero.

Als der Kaiser im Oktober 54 n. Chr. seinen 13-jährigen Filius dem römischen Volk offiziell als zukünftigen Imperator präsentieren will, sieht sich Agrippina zum Handeln gezwungen. Mit der Proklamation von Britannicus wäre Nero als zukünftiger Kaiser aus dem Rennen. Skrupellos wendet sich Agrippina deshalb an die berüchtigte Giftmischerin Lucustas. Mit durchschlagendem Erfolg, wie sich am Abend des 12. Oktober 54 n. Chr. herausstellt. Agrippina serviert ihrem ahnungslosen Mann ein delikates Gericht aus Kaiserpilzen. Claudius, der als guter Esser bekannt ist, schlingt die leckere Mahlzeit hastig hinunter. Dass unter die Kaiserpilze auch andere Pilze mit dem geschmacklosen Gift Muskarin gemischt sind, bemerkt der 64-Jährige zunächst nicht. Erst als er das Gericht vollständig verspeist hat, verspürt er plötzlich ein starkes Unwohlsein. Bereist in früheren Jahren litt Claudius oftmals an Magenschmerzen, bei großer Aufregung tropfte ihm die Nase, Schaum bildete sich vor seinem Mund und sein ganzer Kopf begann zu zittern. Aufgrund dieser körperlichen Beeinträchtigungen war es lange unklar, ob er überhaupt Kaiser werden könnte. Doch die überfallartigen Bauchkrämpfe, die ihn nach dem Verzehr des Pilzgerichtes heimsuchen, sind schmerzhafter und bedrohlicher als alles andere, was er zuvor in seinem Leben durchleiden musste. Zu den extremen Magenschmerzen gesellen sich heftige Attacken von Atemnot und ein ungewöhnlich starker Speichelfluss. Erst als sich Claudius übergibt, geht es ihm kurzfristig besser.

Für Agrippina bedeutet die Linderung seiner Qualen allerdings eine Gefährdung ihres Plans. In Panik lässt sie den kaiserlichen Leibarzt Gaius Stertinius Xenophon holen, während Claudius erschöpft per Durchfall das Pilzgift aus seinem Körper schwemmt. Er ist noch immer vollkommen arglos, als sein Leibarzt mit einer langen Pfauenfeder an seinem Krankenlager erscheint, um ihm vorgeblich weitere Linderung zu verschaffen. In Wahrheit hat Xenophon die Pfauenfeder auf Agrippinas Geheiß mit einer noch höheren Giftdosis präpariert.

Claudius hat den ersten Giftanschlag gerade mit Mühe und Not überlebt, als ihm von seinem Leibarzt der Todesstoß versetzt wird. Mit der vergifteten Pfauenfeder pinselt ihm Xenophon die Kehle. Was dem Patienten normalerweise Erleichterung verschaffen soll, bringt Claudius nun den Tod. Die hohe Giftdosis geht sofort ins Blut über. Nach weiteren qualvollen Stunden des Leidens stirbt der römische Kaiser in den frühen Morgenstunden des 13. Oktober 54 n. Chr.

Gleich nach der Bekanntgabe seines Todes macht Agrippina ihren 17-jährigen Sohn Nero mit Hilfe der Prätorianer-Garde zum neuen Kaiser. Gedankt wird ihr die tödliche Entschlossenheit, mit der sie ihren Sohn auf den Cäsarenthron gehievt hat, allerdings nicht: Vier Jahre später lässt Nero seine Mutter töten.

Altrömisches Cäsaren-Pilzgericht
»morituri te salutant«

Zutaten: (für 2 Personen) 600 g Kaiserpilze, 1 Bund Frühlingszwiebeln, 2 Knoblauchzehen, 2 Zweige Thymian, 50 g Butter, Olivenöl, Salz, Pfeffer

Zubereitung: Die Kaiserpilze putzen und in Scheiben schneiden. Anschließend die Frühlingszwiebeln waschen und in Ringe schneiden. Die Thymianzweige waschen und die Blätter abzupfen. Danach in einer großen Pfanne Olivenöl erhitzen und die Kaiserpilze auf großer Flamme scharf anbraten. Die Frühlingszwiebeln, die Thymianblätter und Butter hinzugeben und ca. zwei bis drei Minuten mitbraten. Mit Salz und Pfeffer abschmecken.
Dazu eine Pfauenfeder reichen.

Kurt Cobain
1967–1994

In den frühen Morgenstunden des 5. April 1994 sitzt Kurt Cobain auf dem Schlafzimmerbett seines Hauses am Lake Washington Boulevard in Seattle. Vor ihm liegt ein weißes Blatt Papier, im Mundwinkel balanciert er nervös eine Camel Light. Im Fernsehen läuft MTV, doch Cobain hat den Ton abgestellt. Stattdessen dröhnt aus den Lautsprechern der Stereoanlage »Automatic for the People« von R. E. M. Seit seiner wenige Tage zurückliegenden Flucht aus dem kalifornischen »Exodus Recovery Centre« gilt der 27-jährige Grunge-Rocker als vermisst. Cobain war in einem günstigen Moment über die Mauer der Drogenklinik gesprungen und abgetaucht. Weder seine Mutter noch seine Ehefrau Courtney Love wissen, dass der suizidgefährdete Musiker inzwischen in sein Haus nach Seattle zurückgekehrt ist. Cobain hat das Haus an diesem 5. April 1994 für sich alleine. Ehefrau Courtney entzieht zur selben Zeit in einer Drogenklinik nahe Los Angeles.

Während R. E. M.-Frontmann Michael Stipe über die Automatisierung der Menschen singt, beugt sich Cobain über das leere Blatt Papier und füllt es mit seinen letzten Zeilen. Nach zwei misslungenen Suizidversuchen hat der depressive Rockmusiker entschieden, seinem Leben nun endgültig ein Ende zu setzen. In seinem Abschiedsbrief schildert er seine Beweggründe und sendet letzte Grüße an Courtney und an die gemeinsame Tochter Frances. Danach holt er eine Remington-Schrotflinte aus einem Wandschrank und stapft die Treppen zur Küche des Hauses hinunter. Am Rahmen der Küchentür sind noch die Markierungen zu erkennen, mit denen er das Wachstum von Frances festgehalten hat. Doch Cobain nimmt in diesem Moment keine Notiz davon. Er fischt eine Dose »Barq's Root Beer« aus dem Kühlschrank und klemmt sich zwei Handtücher unter den Arm.

Anschließend verlässt er das Haus, durchquert den kleinen Innenhof und steigt die Treppe zum sogenannten »Greenhouse« über der Garage hinauf. Das Greenhouse ist mit pflegeleichtem Linoleum ausgelegt. Falls sein Vorhaben eine unschöne Schweinerei hinterlassen sollte, ließe sich die Sache mit den bereitgelegten Handtüchern in wenigen Minuten bereinigen, ohne dass hässliche Flecken zurückbleiben.

Der Morgen des 5. April 1994 dämmert bereits, als Cobain sich auf den Linoleumboden setzt, die Getränkedose öffnet, trinkt und fünf Camel Lights hintereinander raucht. Danach holt er den Abschiedsbrief aus seiner Tasche, legt ihn auf einen Sack Blumenerde und lädt drei Patronen in die Schrotflinte. Noch einmal greift er zu seinem Stift und kritzelt auf den Abschiedsbrief, wie sehr er Courtney und Frances liebt. Anschließend raucht er seine letzte Camel Light und schmiert seine trockene Kehle mit dem Rest von »Barq's Root Beer«. In einem kleinen Löffel kocht er die dreifache Menge seiner üblichen Heroinration auf und zieht den Stoff auf eine Spritze. Er atmet dreimal tief ein, dann jagt er sich die Nadelspitze in eine Armvene. Als er spürt, wie die Droge explosionsartig durch seine Nervenbahnen schießt, greift er zitternd zu der Remington-Schrotflinte. Er legt die Waffe mit dem Schaft nach unten auf den Boden. Dann schiebt er sich den Lauf in den Mund, bis die Mündung seinen Gaumen berührt.

Drei Tage später wird Kurt Cobains Leiche von einem Elektriker gefunden, der eine Alarmanlage im Haus installieren soll.

Digestif
»Smells Like Teen Spirit«

Zutaten: Eine Dose »Barq's Root Beer«.

Zubereitung: Dose öffnen und trinken.
  Dazu sieben »Camel Lights«.

James Dean
1931 – 1955

Am 30. September 1955 hält gegen 17 Uhr 30 ein silberfarbener Porsche 550 Spyder vor »Tip's Coffee Shop« am Highway 41 nahe Paso Robles. »Little Bastard« steht auf dem Heck des Boliden. Zwei junge Männer schwingen sich aus dem nagelneuen Sportwagen und betreten die Raststätte. Bei Kellnerin Althea McGuiness bestellt der dunkelblonde Fahrer einen amerikanischen Apfelkuchen und ein Glas Milch. Multimillionär Lance Reventlow, der zufällig zur selben Zeit eine Rast in »Tip's Coffee Shop« eingelegt hat, erkennt in dem hastig essenden jungen Mann den neuen Stern an Hollywoods Schauspielhimmel: James Dean.

Wie Reventlow will der 24-jährige Filmstar am nächsten Tag an einem Autorennen in Salinas teilnehmen. Während Dean seinen Apfelkuchen zu Ende isst, fachsimpelt er mit seinem deutschen Mechaniker Rolf Wütherich und Lance Reventlow über Sportwagen und Autorennen. Rund zwei Wochen zuvor hatte Hobbyrennfahrer Dean auf dem Film-Set zu seinem dritten und letzten Film »Giganten« einen Fernsehspot zum Thema Verkehrssicherheit aufgenommen. Seine Abschiedsworte in dem Spot lauteten: »Ich bin in letzter Zeit sehr vorsichtig im Straßenverkehr. Ich habe überhaupt keine Lust mehr zu rasen. Es heißt, dass man als Rennfahrer gefährlich lebt, aber ich fordere lieber auf der Rennbahn mein Leben heraus als auf dem Highway. Fahrt vorsichtig! Vielleicht bin ich es, dem ihr damit eines Tages das Leben rettet!«

Um 17 Uhr 50 ist James Dean, gestärkt durch Apfelkuchen und Milch, mit seinem Mechaniker Rolf Wütherich zurück auf dem

Highway. Dean fährt nicht schnell, er will den neuen Motor schonen. Eine Kommission wird später rekonstruieren, dass der Schauspieler nicht mehr als 55 Meilen pro Stunde gefahren sein kann. Die Sonne steht bereits tief, doch James Dean verzichtet darauf, die Scheinwerfer an seinem Porsche Spyder einzuschalten. Die Eintönigkeit der schnurgeraden Straße durch das Santa Clarita Valley lässt Beifahrer Rolf Wütherich einnicken. Er bekommt nicht mit, als sich ihnen auf der Gegenfahrbahn ein blauer Ford Sedan nähert. Nichts deutet auf eine gefährliche Situation hin, bis der Fahrer des Fords, der 23-jährige Student Donald Turnupseed, unvermittelt das Lenkrad herumreißt, um in den Highway 46 abzubiegen. James Dean hat keine Chance zu reagieren. Ungebremst kracht sein Porsche an der übersichtlichen Kreuzung in die Seite des Fords. Während Turnupseed und Wütherich schwer verletzt überleben, bricht bei dem Aufprall Deans Genick. Er hat es versäumt, den eigens eingebauten Sicherheitsgurt anzulegen. Obwohl bereits kurze Zeit später Rettungswagen am Unfallort eintreffen, kann James Dean nicht mehr geholfen werden. Er stirbt auf dem Weg in ein nahe gelegenes Krankenhaus. Sein früher Tod macht ihn zur unsterblichen Hollywood-Legende.

Amerikanischer Apfelkuchen
»Giganten«

Zutaten: 120 g Butter, 250 g Zucker, 750 g Äpfel (Cox Orange), 3 EL Zitronensaft, 120 g Walnusskerne (wahlweise amerikanische Erdnüsse), 80 g Mehl, 100 g Speisestärke, 1 TL Backpulver, 2 Eier, 10 ml Milch

Zubereitung: Boden einer Springform mit Backpapier auslegen. 40 g Butter zerlassen und auf dem Backpapier verteilen. 90 g Zucker darüber streuen.

Äpfel schälen und vom Kerngehäuse befreien. Äpfel in dicke Scheiben schneiden. Die Springform mit den Apfelringen auslegen und mit 2 EL Zitronensaft beträufeln. Walnusskerne (Erdnüsse) zerhacken und über die Apfelringe streuen.

Für den Teig die restliche Butter und Zucker in eine Schüssel geben und schaumig rühren. Mehl mit Speisestärke und Backpulver mischen und sieben. Mehlmischung, Eier, den restlichen Zitronensaft und Milch in die Buttermasse rühren.

Den Backofen auf 200 Grad vorheizen.

Den Teig auf die Äpfel füllen, glatt streichen und im vorgeheizten Backofen auf mittlerer Schiene ca. 30 Minuten backen.

Den Kuchen aus dem Backofen nehmen und in der Form abkühlen lassen. Auf ein Kuchengitter stürzen und das Papier abnehmen.

Dazu ein Glas Milch.

Lady Diana Spencer
1961–1997

Als der Privatjet am Nachmittag des 30. August 1997 auf dem Pariser Flughafen Le Bourget landet, währt die Romanze zwischen Dodi Al Fayed und Prinzessin Diana Spencer noch keine zwei Monate. Trotzdem beherrscht das prominente Paar längst die Titelseiten der Boulevardpresse. Auf Schritt und Tritt werden der 42-jährige Sohn von Harrods-Besitzer Mohammed Al Fayed und die 36-jährige Ex-Frau von Prinz Charles von Paparazzis verfolgt. Der vorgesehene Einkaufsbummel auf den Champs-Élysées entwickelt sich für Lady Di zum Spießrutenlauf. Als das Liebespaar am Abend ein Candlelight-Dinner im Restaurant »Chez Benoit« in der Nähe des Centre Pompidou einnehmen will, ist das kleine Lokal bereits von Fotografen und Schaulustigen umlagert.

Dodi und Lady Di entschließen sich deshalb, im Hotel »Ritz« zu speisen, das der Familie Al Fayed gehört. Um weiteren journalistischen Nachstellungen zu entgehen, lässt man sich das Menü gegen 22 Uhr in einer Privat-Suite servieren. Lady Di bestellt als Vorspeise Rühreier mit Pilzen. Als Hauptgang ordert sie Seezunge mit Jakobsmuscheln und Spargel. Sie weiß nicht, dass es das letzte Gericht ihres Lebens ist. Nach dem Abendessen lässt Dodi Al Fayed am Haupteingang des Ritz einen Range Rover mit seinem Fahrer und eine weitere gepanzerte Limousine vorfahren. Die beiden Fahrzeuge sollen als Ablenkung für die wartende Pressemeute dienen. Dodi und Diana wollen in die Wohnung des Playboys unweit der Champs-Élysées. Um 0 Uhr 20 schlüpft das Liebespaar durch den Hintereingang des Hotels in einen gemieteten Mercedes. Am

Steuer sitzt der stellvertretende Sicherheitschef des Ritz Henri Paul. Er fungiert häufiger als Fahrer für die Familie Al Fayed und hat Dodi und Lady Di bereits vom Flughafen Le Bourget abgeholt. Die letzten zwei Stunden hat er sich die Zeit mit ein paar Drinks in der Hotelbar des »Ritz« vertrieben. Auf dem Beifahrersitz nimmt Dianas Leibwächter Trevor Rees-Jones platz. Doch bereits auf den ersten Metern der Fahrt wird klar, dass das Täuschungsmanöver fehlgeschlagen ist: Mehrere Fotografen auf Motorrädern verfolgen das Mietfahrzeug. Henri Paul tritt aufs Gas, um die lästigen Verfolger abzuschütteln. Auf dem Place de la Concorde überfährt er mehrere rote Ampeln. Um 0 Uhr 25 rast die dunkle Limousine in den Tunnel l'Alma. Hier gilt eine Geschwindigkeitsbegrenzung von 50 Stundenkilometern. Doch Henri Paul fährt sehr viel schneller. Sekunden später verliert er die Kontrolle über das Fahrzeug. Das Auto prallt gegen einen Mittelpfeiler und schlittert frontal gegen eine Mauer. Der Fahrer und Dodi Al Fayed sind sofort tot. Leibwächter Rees-Jones überlebt schwer verletzt. Prinzessin Diana wird noch am Unfallort notversorgt, stirbt jedoch in den frühen Morgenstunden des 31. August 1997 im Pariser Krankenhaus Pitié-Salpetrière. Ihr Tod erschüttert die Welt.

Rühreier »Lady Di«

Zutaten: (für 2 Personen) 100 g Steinpilze, 4 Eier, 1 Schalotte, 50 g Speck, 3 EL Butter, 1 EL Olivenöl, Kerbel, Petersilie, Schnittlauch, Cayennepfeffer, Pfeffer, Salz

Zubereitung: Die Pilze putzen und in Scheiben schneiden. Die Schalotten schälen und würfeln. Den Speck in feine Streifen schneiden und die Kräuter hacken. In einer Pfanne Öl heiß werden lassen. Die Speckstreifen darin auslassen, die Schalotten andünsten und die Pilzscheiben hinzufügen. Mit Salz und Pfeffer würzen. Auf kleiner Flamme köcheln lassen, bis alle Flüssigkeit verdampft ist. Danach die gehackten Kräuter darüber streuen.

In einer zweiten Pfanne die Butter schmelzen. Die Eier in einer Schüssel verquirlen und mit Salz und Cayennepfeffer würzen. Anschließend in die heiße Butter geben und behutsam stocken lassen.

Gegen Ende der Garzeit die gedünsteten Pilze hinzufügen und leicht unterrühren.

Seezunge
»Princess of Wales«

Zutaten: (für 2 Personen) 2 Seezungenfilets, 2 Jakobsmuscheln, 50 g Zanderfilet, 50 g Sahne, Estragon, 600 g Spargel, 50 g Butter, 25 ml Noilly Prat (franz. Wermut), Zitronensaft, Salz, Pfeffer, Mehl

Zubereitung: Das Zanderfilet in kleine Stücke schneiden, salzen und 15 Minuten im Gefrierfach anfrosten. Anschließend mit der Küchenmaschine fein zerkleinern, eiskalte Sahne hinzugeben und noch mal mixen.

Die Seezungenfilets auf der ehemaligen Hautseite dünn mit der Farce bestreichen, Estragonblätter in die Mitte geben und die Jakobsmuscheln einrollen, mit Zahnstochern feststecken.

Die eingerollten Filets leicht mit Mehl bestäuben, in der Pfanne auf beiden Seiten goldbraun anbraten und im Ofen bei 180 Grad auf jeder Seite 3 Minuten weiter garen.

Den Spargel schälen und in gesalzenem Wasser bissfest kochen.

Noilly Prat kurz aufkochen, etwas Zitronensaft hinzugeben und die Butter in kleinen Stücken hinzugeben. Anschließend mit Salz und Pfeffer abschmecken.

Marlene Dietrich
1901–1992

Seit ihrem zweiten Schlaganfall am 4. Mai 1992 steht es schlecht
um Marlene Dietrich. Die Hollywood-Diva ist teilweise gelähmt
und kann die Dinge des täglichen Lebens nicht mehr ohne fremde
Hilfe verrichten. Ihr selbst gewähltes Exil in der Pariser Avenue
Montaigne Nummer 12 ist damit ernsthaft gefährdet. Seit über
zehn Jahren lebt Marlene hier von der Öffentlichkeit abgeschottet.
Sie will ihren Fans als strahlende Leinwandschönheit und nicht
als faltige Greisin in Erinnerung bleiben. Interviews hat sie in der
Vergangenheit bis auf wenige Ausnahmen konsequent abgelehnt.
Nur eine Handvoll vertrauter Menschen haben das Exklusivrecht,
sie in ihrem kleinen Reich über den Dächern von Paris besuchen
zu dürfen. Dazu gehören ihr Enkel Peter Riva, ihre Privatsekretärin Norma Bosquet und die Concierge des Apartmenthauses. Alle
drei sind am Nachmittag des 6. Mai 1992 bei Marlene, um zu bera-
ten, wie es mit der 90-Jährigen weitergehen soll. Den Dreien ist
klar, dass Marlene ihr altes abgeschottetes Leben nach dem Schlaganfall nicht mehr in der gleichen Weise wird weiterführen können. Sie selbst kann sich an dem Gespräch nicht mehr beteiligen.
Der Schlaganfall hat auch ihr Sprachzentrum betroffen. Außer
»ja«, »nein« und dem Namen ihrer Tochter Maria bringt sie keine
Worte mehr über die Lippen. Ihr Enkel Peter hat sie gewaschen
und sie aus dem Schlafzimmerbett auf die Couch ins Wohnzimmer verfrachtet. Er und Norma Bosquet sind sich einig, dass es das
Beste für Marlene wäre, wenn sie sich mit einem Platz in einem
Pflegeheim anfreunden könnte. Doch das will die betagte Schau-

spielerin auf gar keinen Fall. Lange vor ihrem Schlaganfall hat sie sich stets gegen Alters- und Pflegeheime ausgesprochen. Ihr Gesicht verzieht sich bei dem Gedanken zu einer grotesken Grimasse. »Nein«, flüstert die 90-Jährige. Und: »Maria.«

Enkel Peter weiß, dass sie mit ihrer Tochter sprechen will. Er wählt die New Yorker Nummer von Maria Riva und hält Marlene den Telefonhörer ans Ohr. Das Gespräch verläuft äußerst einseitig. Marlene sagt die drei Worte, die ihr geblieben sind, ansonsten spricht Maria Riva. Am Ende schließt Marlene zum Zeichen, dass das Gespräch vorüber ist, die Augen. Peter versteht und legt den Hörer auf. Seine Mutter Maria hat Marlene versprochen, den nächsten Flieger von New York nach Paris zu nehmen.

Als Peter seine Großmutter fragt, ob sie etwas Hühnersuppe essen möchte, nickt sie lächelnd. Mit ihrer berühmten Hühnersuppe hatte sie zu Beginn ihrer Filmkarriere den Regisseur Josef von Sternberg für sich einnehmen können. Die Concierge macht die Suppe heiß und füttert die 90-Jährige. Aufgrund ihrer Lähmungen kann Marlene nicht mehr alleine essen. Danach flüstert sie erneut: »Maria.«

Peter Riva greift wieder zum Telefon und ruft seine Mutter in New York an. Maria Riva verspricht ein zweites Mal, die nächste Maschine nach Paris zu nehmen. Marlene nickt daraufhin beruhigt und schließt die Augen. Sie ist müde und will schlafen.

Peter Riva und Norma Bosquet verständigen sich flüsternd darauf, die Zeit zu nutzen, um die notwendigen Dinge für einen Pflegeheimplatz zu erledigen. Marlenes Hausarzt hat ihnen versichert, dass seine prominente Patientin zwar einen schweren Schlaganfall erlitten hat, jedoch keinesfalls innerhalb der nächsten Tage versterben wird. Eine Fehleinschätzung mit Folgen, wie sich nur wenig später zeigen soll.

Riva und Bosquet verlassen das Apartment. Die schlafende Marlene bleibt währenddessen in der Obhut der Concierge. Als der Enkel und die Privatsekretärin beim zuständigen Amt eintreffen, das ihnen eine Patientenverfügung für Marlene ausstellen soll, erreicht sie ein besorgniserregender Telefonanruf.

»Ich glaube, Marlene stirbt«, berichtet die Concierge stockend am Telefon. Peter Riva und Norma Bosquet kehren sofort zur Avenue Montaigne zurück. Doch es ist bereits zu spät, als sie voller Sorge in Marlenes Apartment stürzen. Marlene Dietrich liegt noch genau so wie zuvor auf ihrer Couch im Wohnzimmer. Doch sie schläft nicht. Ihr Herz hat einfach aufgehört zu schlagen.

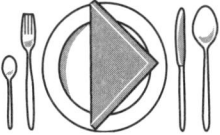

Hühnersuppe »Blauer Engel«

Zutaten: 1 Suppenhuhn, 1 Zwiebel, 1 Knoblauchzehe,
1 Bund Suppengemüse (Sellerie, Möhre, Lauch),
2 Lorbeerblätter, Muskat, Safran, Olivenöl, Pfeffer, Salz

Zubereitung: Die Zwiebel und Knoblauchzehe schälen und klein schneiden. In einem großen Topf Olivenöl heiß werden lassen. Anschließend die Zwiebel und die Knoblauchzehe glasig dünsten. Ein Liter Wasser hinzugeben und das Suppenhuhn hineinlegen. Das Suppengemüse waschen, grob schneiden und hinzugeben. Mit Muskat, Safran, Pfeffer und Salz würzen. Anschließend das Ganze auf kleiner Flamme ca. eine Stunde köcheln lassen. Gegen Ende der Kochzeit die beiden Lorbeerblätter hinzugeben. Danach das Suppenhuhn herausnehmen, von den Knochen lösen und in kleine Stücke rupfen. Die Suppe durch ein feines Sieb passieren. Die Hühnchenstücke hinzugeben und noch einmal kurz aufkochen.

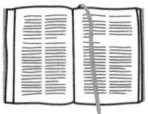

Rudi Dutschke
1940 – 1979

Den Dezember 1979 verbringt Rudi Dutschke zumeist in Bremen. Der legendäre Wortführer der Studentenbewegung hat über zehn Jahre nach dem Zerfall der außerparlamentarischen Opposition wieder politische Ziele. Entgegen seiner früheren Überzeugung will der 39-Jährige nun den Gang durch die Instanzen wagen. In Bremen ist er als Mitglied der neu gegründeten »Grünen Liste« ins Stadtparlament gewählt worden. Anfang des nächsten Jahres soll er als Delegierter beim Gründungskongress die neue bundesweit agierende Partei »Die Grünen« mit aus der Taufe heben. Statt wie früher auf der Straße will Dutschke die Menschen nun im Parlament von seinen politischen Visionen überzeugen. Das elf Jahre zurückliegende Attentat hat lange genug an ihm gezehrt. Am 11. April 1968 war Dutschke von dem Hilfsarbeiter Josef Bachmann vor dem Büro des Sozialistischen Deutschen Studentenbundes am Berliner Kurfürstendamm 141 abgepasst und mit drei Schüssen niedergestreckt worden. In den Tagen zuvor hatte die BILD-Zeitung Dutschke zum »Rädelsführer« der Studentenunruhen von 1968 erklärt und zu seiner »Ergreifung« aufgerufen. Anscheinend fühlte sich Josef Bachmann berufen der gehässigen Diktion des Springer-Blattes zu folgen. Seine Schüsse fügten Rudi Dutschke lebensgefährliche Kopfverletzungen zu. Der Wortführer der außerparlamentarischen Opposition überlebte das Attentat nach einer mehrstündigen Operation nur knapp. In der Folgezeit musste er sich sein Gedächtnis und die Sprache über Monate in einer Therapie wieder antrainieren. Zur Genesung reiste er in die Schweiz, nach Italien und nach Großbritannien. Obwohl sich sein gesundheitlicher Zustand mit der Zeit stabilisierte, erlitt er als Spätfolge der Kopfschüsse immer wieder epileptische Anfälle. Zu seinem Attentäter nahm er brieflichen Kontakt ins Gefängnis auf und versicherte ihm, dass er keinen persönlichen Groll gegen ihn hege. Das empfohlene soziale Engagement wollte der verurteilte Hilfsarbeiter jedoch nicht eingehen. Am 24. Februar 1970 beging Josef Bachmann im Gefängnis Suizid. Zur selben Zeit zog Rudi Dutschke mit seiner amerikanischen Frau Gretchen nach Dänemark, wo man ihm an der Universität von Arhus eine Anstellung als Soziologiedozent angeboten hatte.

Am späten Nachmittag des 23. Dezember 1979 kehrt Dutschke aus Bremen zu seiner Familie nach Dänemark zurück. Seine Frau Gretchen und die beiden Kinder Hosea-Che und Polly-Nicole haben die Wohnung bereits weihnachtlich geschmückt. Der traditionelle Tannenbaum steht in einer Ecke, behangen mit Weihnachtskugeln, Lametta und Watte. Überall im Wohnzimmer sind Kerzenständer verteilt. Am Abend, als die Kinder in ihren Betten liegen, entzündet Gretchen die Kerzen. Anschließend setzt sie sich auf Rudis Schoß und umarmt ihren Mann minutenlang. In ihrem Bauch trägt sie das dritte gemeinsame Kind. Weder Gretchen noch Rudi ahnen, dass es ihr letzter gemeinsamer Abend ist.

Am nächsten Tag, dem 24. Dezember 1979, klingelt in Dutschkes dänischem Haus pausenlos das Telefon. Weihnachtsgrüße aus der ganzen Welt treffen bei ihm ein. Dutschke spricht mit Freunden und Bekannten über sein neues politisches Engagement. Er hat beschlossen, sein dänisches Exil zu verlassen und nach Deutschland zurückzukehren. Dutschke spürt, dass mit der Partei »Die Grünen« ein politischer Neuanfang möglich ist.

Am Nachmittag geht er ins Badezimmer und lässt heißes Wasser in die Wanne laufen. In der Küche bereitet Gretchen mit den Kindern die Weihnachtsgans zu. Wie für alle anderen Deutschen ist auch für Dutschke Weihnachten ein Familienfest, auf das er sich freut. In der Badewanne beginnt er fröhlich zu pfeifen und zu singen, während die Weihnachtsgans im Ofen schmort. Doch Minuten später ist aus dem Badezimmer plötzlich kein Pfeifen und kein Singen mehr zu hören. Gretchen glaubt, dass Rudi aus der Badewanne gestiegen ist und sich abtrocknet. Der Duft der fertig gebratenen Weihnachtsgans zieht durchs ganze Haus. Gretchen will Rudi mitteilen, dass das Essen fertig ist. Doch als sie die Tür zum Badezimmer öffnet, kann sie nur mühsam einen hellen Schrei unterdrücken. Rudi liegt reglos in der Wanne. Sein Kopf ist unter die Wasseroberfläche gerutscht. Wie sich später herausstellen wird, erlitt er während des Badens einen epileptischen Anfall. Verzweifelt zieht Gretchen den Regungslosen aus der Badewanne. Doch ihre Hilfe kommt zu spät. Rudi Dutschke ist bereits tot.

Weihnachtsgans »APO«

Zutaten: 1 Gans, 3 Äpfel, 1 Zwiebel, 1 Karotte, 1 Selleriestange, 1 Knoblauchzehe, Lauch, Rosmarin, Majoran, Salz und Pfeffer

Zubereitung: Die ausgenommene Gans innen und außen mit Salz, Pfeffer, Majoran und der Knoblauchzehe einreiben. Mit den Äpfeln füllen und zunähen. Anschließend die Gans mit der Brust nach unten in einen offenen Bräter legen. Den Bräter mit der Zwiebel, der Karotte, dem Sellerie, dem Lauch, der Knoblauchzehe und einem Zweig Rosmarin füllen und mit etwas Wasser aufgießen. Die Gans im vorgeheizten Ofen bei 180 Grad ca. drei Stunden schmoren. Nach der Hälfte der Garzeit einmal wenden. Zwischendurch immer wieder mit dem ausgetretenen Bratensaft begießen.

Nach dem Ende der Garzeit die Gans aus dem Bräter nehmen, den Sud durch ein Sieb passieren, das Fett abschöpfen und mit Pfeffer und Salz abschmecken. Die Äpfel aus der Gans nehmen, mit in die Soße legen und kurz aufkochen.

Dazu Knödel und Blaukraut. Nur riechen, nicht essen.

Elisabeth »Sisi« von Österreich-Ungarn
1837–1898

Am späten Vormittag des 10. September 1898 betritt eine ganz in Schwarz gekleidete Dame ein Musikwarengeschäft in der Innenstadt von Genf. Mit einem dunklen Fächer versucht sie ihr Gesicht vor neugierigen Blicken zu schützen. Doch dem Geschäftsinhaber fällt sofort auf, dass die vornehme Frau älter wirkt, als sie in Wahrheit ist. Ein Hautausschlag hat ihr ausgemergeltes Gesicht entstellt, tiefe Falten zerfurchen ihre Stirn und ihre Wangen.

Die Frau ist auf der Suche nach einem Orchestrion, das Opernmelodien von Bizet, Verdi und Wagner abspielen kann. Das Musikgerät soll ein Geschenk für ihre Tochter sein, erzählt die Unbekannte freimütig. Der Geschäftsinhaber führt ihr ein entsprechendes Gerät vor und bittet die vornehme Kundin nach dem Kauf, sich in das Gästebuch des Ladens einzutragen. »Kaiserin Elisabeth«, schreibt die Frau mit dem großen Fächer auf Ungarisch in das Buch. Der Schweizer Inhaber der Musikalienhandlung ist der ungarischen Sprache nicht mächtig. Er wird erst später erfahren, dass die österreichische Kaiserin Sisi bei ihm den letzten Einkauf ihres Lebens tätigte.

Sisi ist zum Zeitpunkt ihres Aufenthalts in Genf 60 Jahre alt. Von ihrer einstigen, in ganz Europa bewunderten Schönheit ist nicht mehr viel geblieben. Zahllose Diäten und der anhaltende Schlankheitswahn der Kaiserin haben tiefe Spuren in ihrem Gesicht hinterlassen. Seit Jahren ernährt sie sich nur noch von Milch, Eiern, Veilchen-Eis und dem ausgepressten Saft von rohem Kalbfleisch. Die Sehnsucht, ihre verblühte Schönheit wieder zu bekommen, treibt bisweilen bizarre Blüten: Auf manchen Reisen befindet sich im Hofstaat der Kaiserin auch eine Kuh, die Sisi stets mit hautpflegender, frischer Milch versorgt.

Während ihres Aufenthalts in Genf am 10. September 1898 wird die österreichische Kaiserin jedoch nur von ihrer Hofdame Irma Sztaray begleitet. Eigentlich ist Sisi inkognito im mondänen Hotel »Beau Rivage« am Ufer des Genfer Sees abgestiegen. Doch durch eine Indiskretion der Hotelleitung wird der Aufenthalt der 60-jährigen Kaiserin ungewollt publik. Die Gattin des österreichischen Kaisers Franz Josef I. macht sich zunächst nichts daraus. Nach dem Kauf des Orchestrions kehrt sie ins Hotel zurück und trinkt statt eines Mittagessens wie üblich ein Glas heiße Milch. Mehr Nahrung will sie ihrem Körper mittags nicht zumuten. Anschließend lässt sie vom Hotelpersonal ihre Koffer packen und macht sich mit ihrer Hofdame Irma Sztaray zu Fuß auf den Weg zur Schiffsanlegestelle am Genfer See. Sisi hat eine Überfahrt nach Territet geplant, um von dort aus mit der Zahnradbahn nach Caux weiter zu reisen. Doch daraus wird nichts.

Als Sisi mit ihrer Hofdame den Quai de Montblanc zur Schiffsanlagestelle entlang schreitet, stellt sich ihnen plötzlich ein unbekannter junger Mann in den Weg. Der Mann heißt Luigi Lucheni und ist ein 25-jähriger Anarchist aus Parma. Eigentlich war der junge Italiener nach Genf gereist, um den Herzog von Orléans zu ermorden. Doch der hatte urplötzlich seine Reiseroute geändert, so dass sich Lucheni ein anderes Opfer suchen musste, um seinen Hass auf die Monarchie blutig zu demonstrieren. Die österreichische Kaiserin ist ihm am frühen Nachmittag des 10. September 1898 als Opfer ebenso willkommen. Mit einer spitz zugeschliffenen Feile sticht er am Quai de Montblanc ohne Vorwarnung auf Sisi ein. Mit einem verhaltenen Aufschrei sackt die 60-Jährige zusammen. Dass sie soeben schwer verletzt wurde, ist weder ihr noch ihrer Hofdame klar. »Was fühlen Majestät? Ist Ihnen nichts geschehen?«, fragt Irma Sztaray beunruhigt.

»Nein«, antwortet Sisi blass und steht wieder auf. »Es ist mir nichts geschehen.«

Sie glaubt, dass es der geflüchtete Attentäter lediglich auf ihre teure Uhr abgesehen hatte. Ohne dem Vorfall weitere Bedeutung beizumessen, eilt die Kaiserin mit ihrer Hofdame anschließend weiter zur Anlegestelle, um das Schiff nicht zu verpassen. Erst mit Erreichen des Schiffes macht sich die schwere Stichverletzung dramatisch bemerkbar. »Ich glaube, die Brust schmerzt mich ein wenig«, stammelt die Kaiserin mit erstickter Stimme und bricht zusammen. »Was ist denn jetzt mit mir geschehen?«, lauten ihre letzten Worte, bevor sie das Bewusstsein verliert. Ihre Hofdame öffnet sofort das schwarze Seidenkleid der Kaiserin und entdeckt dabei die tiefe Stichwunde in der Nähe des Herzens. Unverzüglich wird Sisi auf einer improvisierten Bahre zurück ins Hotel »Beau Rivage« gebracht. Zwei Ärzte bemühen sich dort vergeblich, ihr Leben zu retten. Um 14 Uhr 40 wird der Tod von Kaiserin Elisabeth von Österreich-Ungarn offiziell bekannt gegeben.

Sisis Mann, Kaiser Franz Josef I., reagiert mit der ihm eigenen Nüchternheit auf die betrübliche Nachricht: »Mir bleibt auch nichts erspart«, stöhnt er, nachdem er rund zehn Jahre zuvor bereits den Selbstmord seines Sohnes Rudolf verdauen musste, und widmet sich wieder seinen Amtsgeschäften.

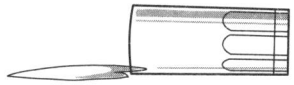

Diät-Menü »Sisi«

Zutaten: 200 ml Milch

Zubereitung: Die Milch in einem Topf heiß machen, jedoch nicht kochen. In ein Glas gießen und servieren. Je nach Geschmack mit einem Löffel Honig süßen.

Dazu ausgepresster Saft von rohem Kalbfleisch.

Mama Cass Elliot
1941–1974

In einer Zeit, da Starmodel Twiggy mit Kindergrößen und Blei-
stiftfigur den zeitgenössischen Look vorgibt, muss eine Frau wie
Mama Cass Elliot zwangsläufig auffallen. Mit ihren gut 250 Pfund
bringt die Folksängerin rund doppel soviel Gewicht auf die Waage, wie es bei ihrer Körpergröße normal wäre. Doch Mama Cass
steht zu ihren kaum verhüllbaren Rundungen. Die Kompromiss-
losigkeit, mit der sie allen Diätanforderungen der Showbran-
che widersteht, macht sie zum Publikumsliebling ihrer Flower-
Power-Formation »The Mamas and The Papas«. Hunderttausende
pausbäckiger Teenager und Millionen tortengeschädigter Haus-
frauen identifizieren sich mit der schwergewichtigen Folk-Lady.
Wenn Mama Cass mit glockenheller Stimme »Monday Monday«
oder »California Dreaming« intoniert, nährt sie bei vielen Fans die
Hoffnung, dass nicht allein die Kilogrammanzeige auf der Waage
das ausschlaggebende Kriterium zur Beurteilung eines Menschen
ist. Dass Mama Cass bereits zu ihrer Mamas-And-Papas-Zeit ein
nicht zu unterschätzendes Alkohol- und Drogenproblem hat,
bleibt ihren Fans hingegen verborgen. Die junge Frau aus Balti-
more wirft Ende der 60er Jahre alles ein, was der Drogenmarkt her-
gibt und spült es mit Champagner oder noch Hochprozentigerem
herunter.

   Ihre Drogensucht lässt auch nicht nach, als sich die Flower-
Power-Band auflöst und Mama Cass auf Solopfaden wandelt. Ob-
schon sie verzweifelt versucht, ihr Mama-Cass-Image loszuwerden, wird sie noch Jahre nach der Trennung nur als die »Dicke von

den Mamas and Papas« wahrgenommen. Im Gegensatz zu ihren alten Bandkollegen beginnt ihre neue Solokarriere jedoch äußerst viel versprechend. Mit ihrer unverwechselbaren Stimme füllt Mama Cass weltweit die Konzertsäle.

Ende Juli 1974 tritt sie mehrere Abende hintereinander im ausverkauften Londoner »Palladium« auf. Mama Cass ist kurz davor, den Sprung zum umjubelten Weltstar zu schaffen. Doch am letzten Abend in London, dem 29. Juli 1974, nimmt ihr musikalischer Höhenflug ein jähes Ende. Erschöpft kehrt die 32-Jährige nach dem Auftritt in ihr Apartment am Curzon Place zurück. Wie immer, wenn sie nach ihren Solo-Gigs allein ist, fühlt sie sich einsam und deprimiert. Sie öffnet eine Flasche Champagner, gießt sich ein Glas ein und wählt die Nummer ihrer ehemaligen Bandkollegin Michelle Phillips. Die beiden Frauen sprechen eine Weile am Telefon, bis Mama Cass' Einsamkeitsgefühle verschwunden sind. Danach meldet sich der Magen der schwergewichtigen Sängerin. Um das bohrende Hungergefühl zu vertreiben, bereitet sich Mama Cass in der Küche ihres Apartments ein leckeres Schinkensandwich zu. Doch bereits nach dem ersten Bissen legt sie das Brot wieder beiseite. Die 32-Jährige empfindet plötzlich ein beklemmendes Gefühl in der Brust. Viel Zeit bleibt ihr allerdings nicht mehr festzustellen, was mit ihr los ist. Innerhalb weniger Minuten will das drogengeschädigte Herz von Mama Cass nicht mehr und bleibt einfach stehen.

Als ihre Leiche am nächsten Tag entdeckt wird, sorgt das angebissene Sandwich für das Jahrzehnte überdauernde Gerücht, sie wäre an einem Stück Schinkenbrot erstickt.

Schinkensandwich
»California Dreaming«

Zutaten: (für 2 Personen) 4 Scheiben Toastbrot, 2 Scheiben Schinken, 150 g Champignons, 150 g Feldsalat, 2 EL körniger Frischkäse, 1 Zwiebel, 2 EL Zitronensaft, 3 TL Olivenöl, Schnittlauchröllchen, Salz, Pfeffer

Zubereitung: Vier Scheiben Toastbrot rösten. Den Feldsalat waschen und putzen. Die Champignons putzen und in Scheiben schneiden. Die Zwiebeln schälen und würfeln. Olivenöl in einer Pfanne heiß werden lassen. Die Champignons und die Zwiebeln darin anbraten. Zwei Toastbrotscheiben mit dem Frischkäse bestreichen. Anschließend den Feldsalat darauf legen und mit Zitronensaft beträufeln. Die gebratenen Champignons und Zwiebeln darüber geben und mit Salz und Pfeffer würzen. Danach die Schinkenscheiben auflegen und mit den Schnittlauchröllchen garnieren. Zum Schluss die übrigen zwei Toastbrotscheiben als Deckel benutzen und mit einem Messer diagonal halbieren.
Dazu ein Glas Champagner.

Falco
1957–1998

Am frühen Abend des 5. Februar 1998 trifft sich Hans Hölzl mit dem Münchner Toningenieur Hannes Eisgruber im »Costambar Gym« von Puerto Plata. Das chromblitzende Fitnessstudio in der Hauptstadt der Dominikanischen Republik ist speziell auf die Bedürfnisse verwöhnter Europäer abgestimmt. Hans Hölzl ist so ein verwöhnter Europäer. Unter seinem Künstlernamen »Falco« hatte er in den 8oer Jahren mit »Der Kommissar«, »Jeanny« und »Rock Me Amadeus« internationale Chartbreaker, die ihm ein Millionenvermögen einbrachten. Im karibischen Steuerparadies lassen sich die verdienten Millionen angenehmer verwalten als in seiner österreichischen Heimat. Deshalb ist der 40-jährige Musiker Mitte der 9oer Jahre in die Dominikanische Republik übergesiedelt. Das exzessive Rock 'n' Roll-Leben behält er auch unter tropischen Palmen bei.

Anfang 1998 hat er seine neue Freundin Andrea aus Wien zu sich in die Dominikanische Republik geholt. Doch die traute Zweisamkeit geht nicht lange gut. Nach einem heftigen Streit packt die junge Frau ihre Koffer und fliegt zurück ins verschneite Wien. Falco, der es nur schwer ertragen kann, alleine zu sein, flüchtet nach ihrer Abreise in den gewohnten Alkohol- und Drogennebel. Doch wie immer, wenn er in der Vergangenheit im depressiven Drogensumpf zu versinken drohte, zieht der Musiker auch dieses Mal rechtzeitig die Notbremse.

Mit Jogging, Hanteltraining und Gesundheitsmüsli bringt er sich Anfang Februar 1998 wieder in Schwung. Nach dem Sport im

»Costambar Gym« geht er mit Hannes Eisgruber noch eine Kleinigkeit essen. Genüsslich spießt er Salat mit Putenbruststreifen auf seine Gabel und spült das gesundheitsbewusste Menü mit einer kalorienarmen Diät-Cola hinunter. Doch bereits zwei Stunden später mutiert der vernünftige Gesundheitsfan wieder zum unersättlichen Rock 'n' Roll-Maniac. Zielstrebig steuert Falco im Vergnügungsviertel von Puerto Plata auf die Striptease-Bar »Principe« zu und lässt alle guten Vorsätze der letzten Tage zum Teufel fahren. Der 40-Jährige benebelt seine Sinne mit Whisky und zieht sich sein geliebtes weißes Pulver die Nase hoch.

Am nächsten Morgen ruft er seinen Sportkumpel Eisgruber an, um das geplante Hanteltraining abzusagen. Seine Stimme klingt rauchig und verkratzt. Wahrscheinlich rührt er sich gegen Mittag sein letztes Müsli an, um seinen Körper für die entgangene Trainingseinheit zu entschädigen. Danach trifft er sich mit seinem Spanischlehrer Carlos Gutierrez. Gutierrez fällt nichts Besonderes an seinem prominenten Schüler auf. Dennoch hat Falco zu diesem Zeitpunkt noch so viel Marihuana und Kokain im Blut, dass auch die nächsten Tage kaum an eine Fortsetzung seines selbst verordneten Fitnessprogramms zu denken wäre.

Nach dem Spanischunterricht bringt der Musiker seinen Lehrer zurück in die Innenstadt von Puerto Plata. Anschließend fährt Falco mit seinem Mitsubishi Pajero Jeep ziellos über die staubigen Landstraßen des karibischen Urlauberparadieses. Gegen 15 Uhr 30 hält er auf einem Parkplatz abseits der Flughafenstraße, steigt aus und betritt eine einsam gelegene, trostlose Bar namens »Tourist Disco«. Dort trinkt er mehrere Whiskys, bis die Kellnerin sich weigert, ihm weiter Hochprozentiges auszuschenken.

Falco hat mehr als 1,5 Promille Alkohol im Blut, als er zurück zu seinem Jeep wankt, einsteigt und losfährt. Sträucher und Bäume versperren ihm an der Parkplatzausfahrt die Sicht auf die Flughafenstraße. Er gibt trotzdem Gas und schießt mit seinem Mitsubishi auf die staubige Fahrbahn. Im selben Augenblick rast ein weißer

Reisebus mit überhöhter Geschwindigkeit heran und rammt Falcos Wagen. Der Jeep wird einmal um die eigene Achse geschleudert und landet verbeult in einer Wiese abseits der Straße. Falco ist sofort tot. »Wenn ich schon mal zu früh sterben sollte«, hatte er 1982 in einem Interview verraten, »dann wie James Dean – auf einer Kreuzung, im Porsche. Zack. Aus.«

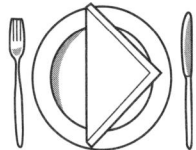

Salat mit Putenbruststreifen »Amadeus«

Zutaten: 1 Kopfsalat, 4 Tomaten, 2 grüne Paprika, 1 Zwiebel, $^1/_2$ Bund Radieschen, $^1/_2$ Salatgurke, 2 Eier, 3 Putenbrustfilets, 125 ml Joghurt, 20 ml Walnussöl, 20 ml Essig, 2 TL Zucker, Schnittlauch, Olivenöl, Salz, Pfeffer

Zubereitung: Die Putenbrustfilets mit Pfeffer und Salz würzen, in Olivenöl anbraten und in Streifen schneiden. Den Kopfsalat waschen, entstielen und die großen Blätter teilen. Die Zwiebel schälen und zusammen mit den Radieschen und der Gurke in dünne Scheiben schneiden. Die Tomaten und die Paprika in kleine Würfel schneiden. Das Walnussöl, den Essig, den Zucker und das Joghurt zu einem Dressing verrühren. Mit Pfeffer und Salz abschmecken. Anschließend das Dressing über den Salat geben. Zwei Eier hart kochen, in Scheiben schneiden und gemeinsam mit den Putenbrustfiletstreifen auf dem Salat anrichten. Zum Schluss mit Schnittlauch garnieren.

Gesundheitsmüsli »Jeanny«

Zutaten: 150 g Dickmilch, 6 TL Sonneblumenkerne, 6 TL Mandelblätter, 6 TL Leinsamen, 6 TL Cornflakes, 6 TL Rosinen, 6 TL getrocknete Aprikosen, 2 frische Pfirsiche

Zubereitung: Die Dickmilch in eine Schüssel geben. Anschließend die Sonnenblumenkerne, die Cornflakes, den Leinsamen und die Rosinen dazugeben. Die getrockneten Aprikosen in kleine Würfel schneiden. Die Pfirsiche schälen, entkernen und ebenfalls klein schneiden. Danach gemeinsam mit den Aprikosenwürfeln in die Schüssel füllen und umrühren. Mit den Mandelblättern überstreuen.

Dazu Diät-Cola und Whisky.

Mahatma Gandhi
1869–1948

Am späten Nachmittag des 30. Januar 1948 sitzt Mahatma Gandhi im Schneidersitz auf dem Boden seines »Birla Hauses« in Neu-Delhi. Neben dem legendären Unabhängigkeitskämpfer haben sich der neue indische Innenminister Vallabhbhai Patel und dessen Tochter niedergelassen. Patel erhofft sich Rat von seinem alten Weggefährten und Vorbild. Zwischen ihm und dem indischen Premierminister Jawaharal Nehru kriselt es seit geraumer Zeit. Während Abha, die Frau eines von Gandhis Großneffen, einen kleinen Imbiss hereinbringt, diskutiert Gandhi mit dem Innenminister die Lage. Still und unauffällig serviert Abha das speziell auf Gandhis Bedürfnisse abgestimmte Essen auf einem niedrigen Holztisch: Gedünstetes Gemüse, frische Orangen, Ziegenmilch und ein Mus aus Ingwer, Zitronen und Aloe-Butter. Gandhi isst langsam und bedächtig, während sein Blick immer wieder zu Abha wandert, die ihm stille Zeichen macht. Als der 79-Jährige immer noch nicht versteht, was sie von ihm will, greift die junge Frau beherzt nach seinem linken Handgelenk und tippt auf Gandhis Armbanduhr.

Erst jetzt begreift Gandhi. »Oh«, seufzt er und sieht Patel entschuldigend an. »Ich fürchte, du musst mich jetzt entschuldigen.« Es ist bereits kurz vor 17 Uhr. Wie jeden Tag um diese Zeit haben sich an die 500 Gläubige im Garten von Gandhis Meditationszentrum versammelt, um mit dem Unabhängigkeitskämpfer zu beten. Gandhi rappelt sich auf und verschwindet ins nahe gelegene Badezimmer, um sich frisch zu machen. Dann verabschiedet er sich von Patel und dessen Tochter. Er weiß nicht, dass es ein Abschied für immer ist.

Abha und Manu, die Frau eines anderen seiner Großneffen, nehmen Gandhi auf dem zwei Minuten langen Weg zum Gebetsplatz im Garten in ihre Mitte. Er legt seine Arme um ihre Schultern und scherzt: »Meine beiden gehenden Stöcke.« Durch das Gespräch mit Innenminister Patel kommt Gandhi gut zehn Minuten zu spät zum Gebet mit seinen Anhängern. Er hasst es, unpünktlich zu sein und treibt seine beiden Helferinnen zur Eile an.

Als er im Garten erscheint, stehen die Gläubigen jubelnd vom Boden auf und drängen auf ihn zu. Zu der hölzernen Plattform, auf der er wie bei allen Meditationsstunden sitzen soll, sind es nur noch wenige Meter. Plötzlich drückt sich ein Mann gewaltsam an den anderen Gläubigen vorbei und stellt sich dem Erfinder des gewaltlosen Widerstandes in den Weg. Der Mann heißt Nathuram Godse und kann mit Gandhis pazifistischer Gesinnung wenig anfangen. Der 37-jährige Angehörige einer radikalen Hindu-Nationalisten-Vereinigung glaubt, dass Gandhis gewaltloser Aufstand gegen die englische Kolonialmacht den Indern mehr geschadet als genützt hat. Dafür will der politische Quertreiber Gandhi nun seine ganz persönliche Quittung präsentieren.

Manu ahnt, dass mit dem Mann irgendetwas nicht stimmt. Sie versucht ihn sanft zur Seite zu schieben, damit Gandhi seinen Weg fortsetzen kann. Doch Godse lässt sich nicht so leicht von seinem Vorhaben abbringen. Er stößt Gandhis Helferin gegen die Brust, dass sie ins Taumeln gerät und nach hinten fällt. Danach zieht er eine Pistole unter seinem Hemd hervor und gibt drei zielgerichtete Schüsse auf Gandhis Oberkörper ab.

»Oh, Rama«, stöhnt der 79-Jährige leise zu Gott. Sein weißer Überwurf färbt sich sofort blutrot. Dann bricht Gandhi im Garten seines Meditationszentrums zusammen. Eine Horde von Gläubigen stürzt sich auf den Attentäter, während Manu und Abha den Schwerverletzten ins Haus tragen. Gandhis Augen sind halb geöffnet und bewegen sich leicht, als er in sein Zimmer gebracht wird. Durch die Schüsse im Garten aufgeschreckt, ist Innenminister Patel noch einmal zum »Birla Haus« zurückgekehrt. Er fühlt Gandhis Puls und streicht dem alten Weggefährten mit der Hand über die Stirn. Doch es ist zu spät für letzte Abschiedsworte. Als wenige Minuten später ein Arzt eintrifft, kann er nur noch den Tod von Mahatma Gandhi feststellen.

Indischer Imbiss »Große Seele«

Zutaten: 500 g grüner Spargel, 2 Zwiebeln, 1 Tomate, 50 g Ingwer, 2 Karotten, 100 g Sojasprossen, 3 Knoblauchzehen, 10 g Zucker, 2 EL Öl, 5 EL Zitronensaft, 4 EL Sojasauce, 2 EL Butter, 1 TL Koriander, 100 ml Aloe-Saft

Zubereitung: Den Spargel schälen und bissfest kochen. 30 g Ingwer schälen und fein reiben. Eine Zwiebel in kleine Würfel schneiden. Die Tomate waschen und klein schneiden. Die Karotten schälen und in Streifen schneiden. Die Sojasprossen waschen und abtropfen lassen. Zwei Knoblauchzehen schälen und klein hacken. Anschließend in einer Pfanne etwas Öl erhitzen und den Ingwer und die Zwiebelwürfel darin dünsten. Die Tomate unterrühren und mit Zucker, 3 EL Zitronensaft und Sojasauce abschmecken. Das Ganze ca. zwei Minuten schmoren. Anschließend das Gemüse zur Seite schieben und die gehackten Knoblauchzehen glasig dünsten. Die Möhren dazu geben und auf mittlerer Flamme anbraten. Nach ca. zwei Minuten die Sojasprossen und den Spargel hinzugeben. Danach mit der Ingwer-Tomaten-Sauce mischen und weiter dünsten, bis das Gemüse gar ist.

Den restlichen Ingwer mit Zwiebel und gehacktem Knoblauch in heißer Butter anbraten. Etwas Zitronensaft und Koriander hinzugeben. Kurz köcheln lassen, danach den Aloe-Saft hinzufügen und eindicken lassen. Zusammen mit dem gedünsteten Gemüse servieren.

Dazu frische Orangen und Ziegenmilch.

Johann Wolfgang von Goethe
1749 – 1832

Am 16. März 1832 notiert Johann Wolfgang von Goethe die letzten Worte in sein Tagbuch: »Den ganzen Tag wegen Unwohlseins im Bett zugebracht.« Am Tag zuvor zog sich der berühmte Dichter während einer Spazierfahrt eine Erkältung zu, die sich binnen der nächsten Woche zu einer formidablen Lungenentzündung auswächst. Neben einem kaum zu bekämpfenden Kältegefühl leidet der 82-Jährige unter ständiger Atemnot, innerer Unruhe und beklemmenden Schmerzen in der Brust. Nach drei Tagen auf dem Krankenlager seines Hauses in Weimar geht es dem Dichter geringfügig besser. Goethe glaubt fest daran, dass die jugendliche Vitalität, die ihn bis ins hohe Alter begleitet hat, in seinen gebrechlichen Körper zurückkehren wird.

Doch schon in der Nacht auf den 20. März 1832 verschlechtert sich sein gesundheitlicher Zustand wieder rapide. Die Zähne klappern ihm vor Kälte, der Schmerz in seiner Brust strahlt bis in die Gliedmaßen aus und erfüllt den greisen Dichter mit Todesängsten. Doch Goethe will nicht sterben, er fühlt sich noch lange nicht bereit dafür. Das turbulente Liebesleben des notorischen Schwerenöters ist zwar rund zehn Jahre zuvor mit einem schmerzhaften Korb der gerade 19-jährigen Ulrike von Levetzow unwiderruflich zu Ende gegangen, doch seine literarische Potenz hat auch im hohen Alter nicht gelitten. Es ist noch keine zwölf Monate her, dass er den zweiten Teil seines »Faust« fertig gestellt hat. Und es gibt noch eine ganze Reihe anderer Werke, die in seiner Schublade auf Fertigstellung warten.

Das Schicksal nimmt allerdings wenig Rücksicht auf Goethes literarische Pläne. Als ihn sein Hausarzt Dr. Carl Vogel am nächsten Morgen besucht, bietet sich ihm ein jammervoller Anblick. Das Gesicht des Dichters ist aschfahl, die Augen liegen tief in den Höhlen. Hin und wieder stöhnt der 82-Jährige auf oder er schreit vor Schmerzen. Zu der Lungenentzündung hat sich in der Nacht höchstwahrscheinlich ein Herzinfarkt mit einer schweren Herzbeutelentzündung gesellt. Goethes Stunden sind von nun an gezählt. Dr. Carl Vogel und Goethes Schwiegertochter Ottilie bleibt nichts anderes zu tun, als dem Patienten den Abschied vom irdischen Leben so angenehm wie möglich zu machen.

Die letzte Zeit verbringt der Dichter beinahe ausnahmslos in einem großen Armstuhl. Die Schmerzen haben nachgelassen und er dämmert in einer Art Halbschlaf still vor sich hin. Am 22. März 1832 erkundigt er sich bei Ottilie nach dem Datum. Als sie ihm den Tag nennt, blitzen seine Augen noch einmal auf. »Also hat der Frühling begonnen und wir können uns dann um so eher erholen«, sagt er lächelnd. Zur üblichen Stunde lässt er sich anschließend sein morgendliches Glas Madeira bringen. Für ein sättigendes Frühstück, wie er es von früher gewohnt ist, fehlt ihm hingegen der Appetit. Später am Vormittag bittet er darum, einen weiteren Fensterladen zu öffnen, damit mehr Licht in seine Stube fällt. Seine Stimme klingt dabei matt, das Atmen fällt ihm zunehmend schwerer.

»Frauenzimmerchen, gib mir dein Pfötchen«, flüstert er kurz darauf zu seiner Schwiegertochter Ottilie. Es sind die letzten Worte des großen Dichters. Danach versagt ihm die Stimme. Mit dem Zeigefinger der rechten Hand malt er noch rätselhafte Zeichen in die Luft, doch keiner der Umstehenden kann sie entziffern. Gegen 11 Uhr 30 lehnt er sich in seinem weißen Morgenmantel gegen die linke Seite seines Armstuhls. Die Decke über seinen Knien rutscht leicht herunter. Goethe schließt die Augen, sein Atem bleibt ohne Zucken und Todeskampf einfach aus.

Digestif »Des Pudels Kern«

Zutaten: Eine Flasche Madeira

Zubereitung: Die Flasche Madeira öffnen, ein Glas einschenken und trinken.

Hannibal
um 247 – 183 v. Chr.

Seit gut dreizehn Jahren zieht Hannibal Barkas bereits durch Kleinasien, um sich als militärischer Berater für verschiedene Potentaten zu verdingen und den Hass auf das Römische Reich zu schü-
ren. In Kleinasien genießt sein Name 183 v. Chr. noch immer einen
guten Ruf. Allen mit den Römern verfeindeten Völkern ist Hannibals 35 Jahre zurückliegender Geniestreich noch in bester Erinnerung. Damals überquerte der karthagische Feldherr mit mehr als
55.000 Soldaten, 8.000 Pferden und 37 Kriegselefanten die Alpen
und brachte dem Römischen Reich bei Cannae die schwerste mi-
litärische Niederlage seiner Geschichte bei. Obwohl er aus tak-
tischen Gründen anschließend auf die Belagerung Roms verzich-
tete, gilt Hannibal seit jenen Tagen als bestgehasster Feind des
Römischen Reichs. Hannibals Karthager verloren damals zwar
im weiteren Verlauf den Krieg, doch die schmerzhafte Niederlage
bei Cannae brannte sich tief in die Herzen der Römer ein. Rund
60.000 römische Soldaten fanden auf dem Schlachtfeld den Tod.
Der römische Senator Marcus Porcius Cato beendet seither jede
seiner Reden vor dem Senat mit den hasserfüllten Worten: »Hier-
mit stelle ich den Antrag, Karthago zu zerstören.«

Die Angst vor Hannibal und seinem militärischen Können ist
auch im Jahr 183 v. Chr. noch immer in den Köpfen der römischen
Senatoren. Hannibal weiß, dass er am Hof seines gegenwärtigen
Arbeitgebers Prusias von Bithynien nicht mehr sicher ist. Ein rö-
mischer Abgesandter namens Titus Quinctius Flamininus ist bereits bei Prusias vorstellig geworden und hat die Auslieferung des

legendären 63-jährigen Feldherrn gefordert. Hannibal ahnt, dass sich sein Arbeitgeber nicht lange des römischen Drucks erwehren können wird. Eine Rückkehr in seine Heimatstadt Karthago kommt für Hannibal jedoch nicht in Frage. Seit ihn die karthagische Aristokratie vor dreizehn Jahren ins Exil trieb, hat er sich geschworen, seine Heimatstadt nie wieder zu betreten. Doch die Vorstellung, wie eine Trophäe auf den römischen Straßen zur Schau gestellt zu werden, behagt Hannibal noch weniger. Noch zu Lebzeiten hat er es zur Legende gebracht, allein der Klang seines Namens treibt den Römern noch immer Schweißperlen auf die Stirn. Keinesfalls will der große Gegenspieler Roms seinen Feinden lebend in die Hände fallen und seinen Ruf damit beschädigen. Er beauftragt seinen langjährigen Diener Belikar, ihm ein delikates Mahl zuzubereiten, wie er es zu Zeiten seiner großen Feldzüge zu verspeisen pflegte. In der Küche von Hannibals Unterkunft in Bithynien macht sich Belikar am Nachmittag an die Arbeit. Er kocht Kichererbsensuppe, Huhn, Getreidebrei und Kohlklöße.

Als es Abend wird, lässt sich Hannibal am Tisch nieder und verspeist das bestellte Mahl mit hörbarem Genuss. Wie in alten Kriegszeiten lässt er auch den ein oder anderen Schluck Wein seine Kehle hinunter rinnen. Es ist das letzte Gelage seines Lebens. Als alle Schüsseln und Teller geleert sind, tröpfelt er ein wenig Gift aus einer Phiole in seinen Wein und führt den Becher zum Mund.

Erst siebenunddreißig Jahre nach seinem Freitod erfüllt sich die Forderung des römischen Senators Marcus Porcius Cato: Hannibals Heimatstadt Karthago wird im Dritten Punischen Krieg endgültig von den Römern zerstört und dem Erdboden gleichgemacht.

Phönizisches Menü
»Hannibal ante portas«

Vorspeise:
Kichererbsensuppe

Zutaten: 200 g Kichererbsen, 200 g Lauch, 1 Zwiebel, 100 g grüne Bohnen, 30 g Mandelscheiben, $^1/_2$ Apfel, 1 Knoblauchzehe, 1 EL Paniermehl, 2 Minzeblätter, Salz, Pfeffer, Olivenöl

Zubereitung: Die Kichererbsen ca. 12 Stunden in Wasser einweichen. Anschließend das Wasser abgießen und die Erbsen in einem Liter Wasser ca. 1,5 Stunden kochen. Den Lauch, die Zwiebel und die Bohnen in feine Stücke schneiden, zusammen mit etwas Salz zu den Erbsen geben und noch einmal ca. 20 Minuten kochen.

Den Apfel schälen, klein schneiden und gemeinsam mit den Mandeln und der gehackten Knoblauchzehe in Paniermehl und Olivenöl anbraten, zur Suppe geben und ca. 10 Minuten auf kleiner Flamme kochen. Anschließend mit Pfeffer abschmecken und die in Streifen geschnittene Minze darüber geben.

Hauptspeise:
Huhn

Zutaten: 1 Huhn, 50 g Pinienkerne, 2 Zwiebel, 1 Schalotte, 1 Lorbeerblatt, 2 Nelkenköpfe, 1 Karotte, 4 Datteln, 1 EL Weinessig, 1 TL Honig, 2 EL Distelöl, 1 EL Vollkornmehl, $^1/_2$ TL Kümmel, Salz, Pfeffer, Olivenöl

Zubereitung: Das Huhn in drei Liter Wasser mit Salz, Karotte, Lorbeer, Nelkenköpfen und einer Zwiebel ca. 90 Minuten kochen.

Danach abkühlen lassen, zerteilen, mit einer fein gehackten Schalotte und Pfeffer bestreuen und in Olivenöl braten.

Für die Soße eine gehackte Zwiebel anschwitzen. Pfeffer, Kümmel und die klein geschnittenen Datteln hinzugeben. Mit Weinessig, Honig, Distelöl und 100 ml Wasser verrühren und ca. 10 Minuten kochen. Anschließend die Soße mit dem Vollkornmehl abbinden und zum Huhn servieren.

Beilage:
Getreidebrei und Kohlklöße

Zutaten: 150 g Dinkelgrieß, $^1/_2$ Liter Gemüsebouillon, 50 g Hüttenkäse, 1 EL Honig, 4 Eier, 400 g Weißkohl, 1 EL Schweinefett, 3 EL Vollkornmehl, $^1/_2$ TL Kümmel, Olivenöl

Zubereitung: Den Dinkelgrieß mit der heißen Gemüsebouillon übergießen und unter stetem Umrühren ca. 15 Minuten kochen lassen. Den Hüttenkäse und ein verrührtes Ei darunter geben und nochmals erwärmen.

Den Weißkohl in Scheiben schneiden, in Schweinefett andämpfen und in Salzwasser ca. 15 Minuten kochen. Anschließend abtropfen lassen und fein hacken. Mit den restlichen Eiern, dem Kümmel, dem Honig, etwas Olivenöl und dem Vollkornmehl gut vermengen. Die feste Masse zu Klößen formen und in heißem, nicht kochenden Salzwasser ca. 20 Minuten ziehen lassen.

Dazu Rotwein.

Bruno Richard Hauptmann
1899 – 1936

Als am 12. Mai 1932 die Blase von Trucker William Allen drückt, findet etwas sein Ende, was in den USA noch siebzig Jahre später schaurig »Das größte Verbrechen des Jahrhunderts« genannt werden wird. Um kurz nach 15 Uhr hält Allen auf einer Landstraße nördlich des kleinen Städtchens Mount Rose im Bundesstaat New Jersey. Er springt aus seinem Truck und schlägt sich abseits der Straße ins nahe gelegene Unterholz. Er will gerade sein Geschäft verrichten, als er einen grausigen Fund macht. Auf dem Waldboden liegt, nur spärlich mit Zweigen bedeckt, die Leiche eines Kleinkindes. Allen verständigt sofort die Polizei. Bereits nach kurzer Zeit bewahrheitet sich der Verdacht, dass es sich bei dem toten Kind um den zwanzig Monate alten Sohn von Atlantikflieger Charles Lindbergh handelt.

Am 1. März 1932 wurde das Lindbergh-Baby aus seinem Kinderzimmer im nur zwei Meilen vom Fundort der Leiche entfernten Wohnhaus der Lindberghs entführt. Trotz der Zahlung von rund 50.000 Dollar Lösegeld war der kleine Charles Augustus Lindbergh anschließend nicht wieder aufgetaucht. Die Obduktion des toten Babys ergibt nun, dass Charles Augustus vermutlich bereits am Tag seiner Entführung durch einen Sturz oder einen Schlag auf den Kopf ums Leben kam. Kein anderes Verbrechen bewegte die amerikanische Öffentlichkeit so stark wie die Entführung des Lindbergh-Babys. Selbst Unterweltboss Al Capone setzte 10.000 Dollar Belohnung für denjenigen aus, der Informationen über den Aufenthaltsort des entführten Kindes machen konnte. Doch die

Polizei tappt auch nach dem Fund der Babyleiche im Mai 1932 weiter im Dunkeln.

Erst als am 18. September 1934 eine registrierte Banknote aus dem Lösegeld auftaucht, scheint das »größte Verbrechen des Jahrhunderts« vor der Aufklärung zu stehen. Nur 24 Stunden nach dem Fund der Banknote wird ein deutscher Einwanderer namens Bruno Richard Hauptmann vor seinem Haus im New Yorker Armenviertel Bronx festgenommen. In der Garage des 34 Jahre alten Zimmermanns werden weitere 14.000 Dollar aus der Lösegeldsumme gefunden. In seiner Werkstatt lagert das gleiche Holz, das auch zum Bau einer bei der Entführung zurückgelassenen Leiter benutzt wurde. Hauptmanns Beteuerungen, nichts mit der Entführung und dem Tod des kleinen Lindbergh-Sohnes zu tun zu haben, wird kein Glauben geschenkt. Hauptmann behauptet, ein deutscher Freund namens Isidor Fisch habe ihm das Geld zur Aufbewahrung gegeben. Doch der Pelzhändler Isidor Fisch kann Hauptmanns Aussage nicht mehr bestätigen. Er kehrte bereits im Dezember des vorherigen Jahres nach Deutschland zurück, wo er wenige Monate später an Tuberkulose starb. Der Strick um Hauptmanns Hals zieht sich enger zu. In der amerikanischen Öffentlichkeit hat man keine Zweifel daran, dass der Deutsche das Lindbergh-Baby auf dem Gewissen haben muss.

Als im Prozess Anfang Januar 1935 auch Hauptmanns kriminelle Vergangenheit in Deutschland auf den Tisch kommt, verschlechtert sich seine Position weiter. Hartnäckig beteuert er, nichts mit dem Tod des Lindbergh-Babys zu tun zu haben. Doch der Richter und die Geschworenen glauben ihm nicht. Als auch noch entlastendes Beweismaterial verschwindet, erklärt Hauptmanns Anwalt seinem Mandanten, dass er seinen Kopf nur noch dadurch retten könne, indem er alles gestehe. Doch Hauptmann lehnt das Ansinnen entrüstet ab. »Lieber sterbe ich auf dem elektrischen Stuhl, als mit einer Lüge weiterleben zu müssen«, sagt der gebürtige Sachse trotzig in gebrochenem Englisch. Sein Tod ist damit besiegelt. Am 13. Februar 1935 wird Bruno Richard Hauptmann nach einem 32-tägigen Prozessmarathon für schuldig erklärt und zum Tod auf dem elektrischen Stuhl verurteilt.

Über ein Jahr später, in den frühen Abendstunden des 3. August 1936, wird dem Deutschen im »New Jersey State Prison« seine Henkersmahlzeit serviert: Hühnchen mit Pommes Frites, Buttererbsen, Sellerie, Oliven, Kirschen und ein Stück Kuchen. Außer der erneuten Beteuerung, unschuldig zu sein, hat Hauptmann während seines anschließenden Ganges zum elektrischen Stuhl nichts mehr zu sagen. Um 20 Uhr 44 wird er auf dem elektrischen Stuhl im »New Jersey State Prison« festgeschnallt und mit 2000 Volt zu Tode gegrillt.

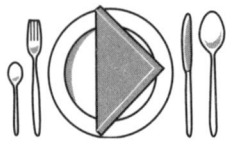

Menü
»Verbrechen des Jahrhunderts«

Vorspeise:
Eine Handvoll Oliven

Hauptspeise:
Hühnchenbrust mit Pommes Frites

Zutaten: (für 1 Person) 200 g Hähnchenbrustfilet, ½ Orange, 100 ml Hühnerbrühe, 100 g Stangensellerie, 300 g Tiefkühl-Pommes-Frites, 1 Dose Erbsen, 1 Zwiebel, 1 TL Zitronensaft, 1 TL Honig, 2 TL Walnüsse, Petersilie, Salz, Pfeffer, Olivenöl, Butter

Zubereitung: Die tiefgekühlten Pommes frites auf einem Backblech im vorgeheizten Ofen bei 225 Grad ca. 15–20 Minuten goldbraun backen.

Den Saft einer halben Orange mit 50 ml Hühnerbrühe verrühren. Die Hühnerbrust pfeffern und salzen, anschließend in die Orangen-Marinade legen. Sellerie und die Zwiebel in Streifen schneiden und in Olivenöl andünsten. 50 ml Hühnerbrühe dazugeben und bei schwacher Hitze ca. 15 Minuten köcheln lassen. Die Erbsen abgießen und in heißer Butter schwenken. Anschließend die Hühnerbrust aus der Marinade nehmen, mit Honig bestreichen und auf beiden Seiten in Olivenöl braten. Das Sellerie-Zwiebel-Gemüse mit den Erbsen vermischen, die gehackten Walnüsse und die geschnittene Petersilie darüber geben. Danach mit der Hühnerbrust und den Pommes frites servieren.

Zwischengang:
Eine Handvoll Kirschen

Dessert:
Gugelhupf

Zutaten: 250 g Butter, 250 g Zucker, 1 Packung Vanillezucker, 4 Eier, 500 g Mehl, 1 Packung Backpulver, ⅛ Liter Milch, 1 unbehandelte Zitrone, 2 EL Kakaopulver, Puderzucker, 1 EL Weinbrand

Zubereitung: Butter mit dem Zucker und dem Vanillezucker cremig rühren. Nacheinander die Eier einschlagen. Das Mehl mit dem Backpulver mischen und langsam unterrühren. Die Milch dazugießen, anschließend die Hälfte des Kuchenteiges in eine andere Schüssel geben. In die eine Schüssel etwas geriebene Zitronenschale und den Saft der ausgequetschten Zitrone füllen. In die andere Schale das Kakaopulver und den Weinbrand geben. Eine Gugelhupfform mit Butter einfetten und zuerst den hellen Teig einfüllen. Danach den dunklen Teig dazu geben. Im vorgeheizten Ofen bei 190 Grad ca. 40–45 Minuten backen. Anschließend aus der Form stürzen, auskühlen lassen und mit Puderzucker bestreuen.

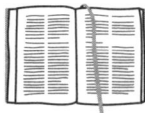

Ernest Hemingway
1899–1961

Anfang 1961 macht sich Mary Welsh berechtigte Sorgen um ihren Mann. Stundenlang sitzt Ernest an seinem Schreibtisch im gemeinsamen Haus in Ketchum, Idaho, und starrt auf ein weißes Blatt Papier. Mitunter rollen Tränen durch seinen weißen Vollbart. »Ich kann nicht mehr schreiben … Es kommt einfach nichts mehr«, schluchzt der 61-Jährige verzweifelt. Neue Geschichten über Stierkämpfe oder das Fischen, die früher nur so aus ihm herausgesprudelt waren und ihm 1954 den Literaturnobelpreis bescherten, wollen nicht mehr aufs Papier. Anfang 1961 ist Ernest Hemingway ein gebrochener Mann. Jahrzehntelanger Alkoholmissbrauch und anhaltende Depressionen haben aus dem einst vor Vitalität sprühenden Schriftsteller ein psychisches Wrack gemacht.

Nachdem er mehrfach den Wunsch geäußert hat, seinem Leben ein Ende setzen zu wollen, überzeugen ihn Mary und sein Arzt Doktor George Saviers am 25. April 1961, sich in die Obhut eines Krankenhauses zu begeben. Rund zwei Monate verbringt Hemingway anschließend in der psychiatrischen Abteilung der »Mayo Clinic« von Rochester, Minnesota. Unter anderem wird er dort mit einer äußerst schmerzhaften Elektroschock-Therapie behandelt. Am 26. Juni trifft sein alter Boxtrainer George Brown aus New York in Rochester ein, um den berühmten Schriftsteller zurück nach Hause zu bringen. Am späten Nachmittag des 30. Juni kommen sie in Ketchum an. Hemingway wirkt gelöst und heiter. Niemand ahnt, dass er nur schauspielert. In Wahrheit hat der

Klinikaufenthalt rein gar nichts verändert. Hemingway ist noch genauso depressiv wie in den Wochen zuvor. Geschichten über Stierkämpfe oder das Fischen sind nicht in seinen Kopf zurückgekehrt.

Am Abend nach seiner Ankunft in Ketchum besucht er mit Mary und George Brown sein Lieblingsrestaurant »Christiana« in Ketchum. Wie immer ordert er sein Leibgericht: Ein »New York Strip Steak« mit gebackener Kartoffel und Sour Cream. Während Mary einen Martini schlürft, trinkt Hemingway wie üblich reichlich Bordeaux. Nichts deutet auf einen neuerlichen Depressionsschub hin. Nach dem Essen kehrt man nach Hause zurück und begibt sich früh zu Bett. Vor dem Einschlafen stimmt Mary noch ein altes italienisches Volkslied an: »Tutti mi Chiamano Bionda. Ma Bionda io non sono …« Hemingway singt den Refrain erheitert mit. »Gute Nacht, mein Lämmchen! Schlaf gut!«, lächelt Mary und löscht das Licht. Wenig später schläft sie. Sie bekommt nicht mit, als Ernest in den frühen Morgenstunden die Treppe hinunter schleicht und seine Lieblingsflinte aus dem Waffenschrank holt. Er stellt die Waffe auf den Boden, beugt sich darüber und presst den Doppellauf gegen seine Stirn. Er atmet drei Mal tief ein und aus. Dann zieht er beide Abzüge. Knapp drei Wochen später wäre Ernest Hemingway 62 Jahre alt geworden.

New York Strip Steak
»Ernest«

Zutaten: (für 2 Personen) 2 Scheiben Roastbeef (à 180 g), 2 EL Olivenöl, 2 EL frisch gehackte Kräuter (Schnittlauch, Basilikum, Petersilie), 600 g große, mehlig kochende Kartoffeln, 250 g Quark (20 % Fett), 300 g saure Sahne, 150 ml Crème fraiche, 1 Zwiebel, 1 TL Salz, 1 TL Pfeffer, Saft einer halben Zitrone, 30 g Kräuterbutter

Zubereitung: Den Knoblauch und die Zwiebel fein hacken. Quark, Sahne, Crème fraiche, Salz, Pfeffer und Zitronensaft miteinander vermischen und durchziehen lassen.

Die Kartoffeln waschen, mit Kräuterbutter bestreichen und in Alufolie einrollen. Die Kartoffeln bei 200 Grad 90 Minuten im Backofen garen. Anschließend die Alufolie öffnen, die Kartoffeln einschneiden und mit der Sour Cream übergießen.

Die Roastbeefscheiben in einer Mischung aus Öl, frisch gehackten Kräutern und gehacktem Knoblauch marinieren. Auf den heißen Grill legen und von beiden Seiten braten. Anschließend pfeffern und salzen.

Dazu eine Flasche Bordeaux.

Jimi Hendrix
1942 – 1970

Der letzte Tag von Jimi Hendrix beginnt mit einem gemütlichen Bummel über den Markt des Londoner Stadtteils Kensington. Gemeinsam mit seiner deutschen Freundin Monika Dannemann schlendert der 27-jährige Gitarren-Hero an den Buden und Marktständen vorbei. Die vier Jahre jüngere Deutsche glaubt mit dem amerikanischen Rockstar das ganz große Los gezogen zu haben. Seit sie Hendrix im Januar 1969 auf einem Konzert in Düsseldorf kennen lernte, weicht sie ihm nicht mehr von der Seite. Die schwärmerische Anhänglichkeit der ehemaligen Eiskunstläuferin schmeichelt dem Rockstar. Doch Monikas einnehmende Groupie-Liebe hat auch ihre Schattenseiten. Hendrix fühlt sich nicht geschaffen für die Fesseln der Monogamie, eine Frau alleine genügt ihm nicht. Die daraus resultierenden Eifersuchtsszenen der Deutschen gehen ihm zunehmend auf die Nerven. Der 17. September 1970, der so gemütlich mit einem gemeinsamen Marktspaziergang anfängt, ist einer von diesen Tagen, der mal wieder im Eifersuchtschaos endet – dieses Mal jedoch mit tödlichen Folgen.

Nach dem Marktbesuch will Hendrix kurz in seinem Hotel vorbeischauen, um nach eingegangenen Nachrichten zu fragen. Doch auf dem Weg dorthin begegnen er und Monika zwei weiblichen Fans, die den Musiker in ihr Apartment einladen. Ohne zu zögern geht Hendrix auf das Angebot ein. Rasend vor Eifersucht begleitet ihn seine deutsche Freundin. Im Apartment der beiden Fans wird Wein getrunken und ein Joint macht die Runde. Die beiden Groupies geben sich alle Mühe, den Star zu umgarnen. Hendrix amüsiert sich köstlich darüber, bis Monika der Kragen platzt. Wutentbrannt verlässt sie Türen schlagend die Wohnung. Widerwillig folgt Hendrix ihr, um sie zu beruhigen. Doch Monika ist an diesem Tag nur noch schwer zu beschwichtigen. Genervt beschließt Hendrix deshalb am Abend, alleine eine Party aufzusuchen. Sein Plan geht allerdings nicht auf: Nur dreißig Minuten nach ihm erscheint auch Monika auf der Party. Inzwischen liegen bei Hendrix die Nerven blank. Er fordert andere Partygäste auf, seine deutsche Freundin rauszuwerfen. Doch Monika beharrt hartnäckig darauf, nur zu gehen, wenn Hendrix sie begleitet. Gegen drei Uhr morgens verlässt das Paar schließlich gemeinsam die Feier. Sie fahren zu Monikas Apartment, in dem Hendrix seine Lieblingsgitarren gelagert hat. Zurück in der abgeschiedenen Zweisamkeit ihrer eigenen vier Wände mutiert Monika wieder zur fürsorglichen, liebevollen Freundin. Sie bereitet zwei Thunfisch-Sandwiches zu und serviert sie Hendrix im Bett. Anschließend nimmt sie eine Schlaftablette ein und legt sich neben ihren freiheitsliebenden Freund.

Als sie am nächsten Morgen um 10 Uhr 20 aufwacht, fällt ihr nichts an dem scheinbar schlafenden Hendrix. Erst als sie aufsteht und bemerkt, dass aus ihrer Schlaftablettenpackung weitere neun Pillen fehlen, wird sie nervös. Sie versucht Hendrix wachzurütteln, doch der Rockstar gibt keinerlei Lebenszeichen von sich. Panisch wählt Monika Dannemann daraufhin die Nummer von Jimis Musikerkumpel Eric Burdon. Burdon rät ihr, so schnell wie möglich einen Krankenwagen zu rufen. Monika befolgt seinen Rat. Doch als die Sanitäter in ihrem Apartment eintreffen, können sie Jimi Hendrix nicht mehr helfen. Eine spätere Obduktion ergibt, dass er an seinem eigenen Erbrochenen, ausgelöst durch die Überdosis Schlaftabletten, erstickt ist. Zudem werden große Mengen Rotwein in seiner Lunge gefunden.

Jahre später begeht Monika Dannemann nach einem verlorenen Prozess gegen eine frühere Freundin von Jimi Hendrix, am 5. April 1996, in ihrem Haus in Seaford, East Sussex, Selbstmord.

Thunfisch–Sandwich »Purple Haze«

Zutaten: (für 2 Personen) 4 Scheiben Toastbrot, 1 Dose Thunfisch, 1 Paprikaschote, Staudensellerie, Majonäse, Chilisoße, 2 gekochte Eier

Zubereitung: 4 Scheiben Toastbrot rösten. Paprikaschote und Staudensellerie klein hacken und mit dem Thunfisch mischen. Die Majonäse unter die Chilisoße rühren. Die Thunfisch-Gemüse-Masse auf zwei Toastbrotscheiben verteilen und die Majonäse-Chilisoße darüber geben. Anschließend die Eier in dünne Scheiben schneiden und die Sandwiches damit garnieren. Die übrigen Toastbrotscheiben als Deckel auflegen und mit einem Messer halbieren.

Dazu Rotwein und »Purple Haze«.

William Holden
1918 – 1981

Es ist keineswegs ungewöhnlich, dass William Holden sich mehrere Tage lang nicht meldet. Der 63-jährige Hollywoodschauspieler taucht gerne eine Weile ab, um seine Ruhe zu haben. Seine Freundin und Kollegin Stefanie Powers kennt diese Eigenart ihres Liebsten. Als sie Anfang November 1981 mit Holden telefoniert, spürt sie, dass eine seiner gesellschaftlichen Auszeiten unmittelbar bevorsteht. Holden ist wortkarg und mürrisch. Zudem beschleicht Powers das Gefühl, dass er bereits während des Telefonats einen über den Durst getrunken hat. Doch die Freundin macht sich deshalb keine Sorgen. Seit den Anfangstagen seiner Schauspielerkarriere gilt Holden als trinkfreudiger Haudrauf, der an keiner geöffneten Bar vorbei gehen kann. Seine 63 Jahre sieht man dem alternden Charmeur trotz aller Saufgelage jedoch kaum an. Holden lebt das Image des einsamen, raubeinigen Helden, der sich lieber in aller Stille vollaufen lässt, als seine schauspielerischen Triumphe und Erfolge auf roten Teppichen zu feiern. Von Holden nimmt man an, dass ihn so leicht nichts umhauen kann. Und Alkohol schon gar nicht. Wenn er seine gesellschaftlichen Auszeiten nimmt, ist Alkohol sein täglicher Begleiter, der ihm die Einsamkeit versüßt.

Das Telefongespräch, das er Anfang November 1981 mit Stefanie Powers führt, ist das letzte Gespräch seines Lebens. Er legt den Hörer auf die Gabel und entkorkt die Wodkaflasche auf dem Nachttisch seines Apartments in Santa Monica, Kalifornien. Holden ist Mitbesitzer des Apartmenthauses an der teuren Ocean

Avenue. Doch selbst langjährige Nachbarn bekommen den prominenten Schauspieler nur selten zu Gesicht. Die meiste Zeit lebt er aus steuerlichen Gründen in der Schweiz oder auf seiner Farm in Kenia. Außerdem verlässt er sein Apartment in Santa Monica nur, wenn es unbedingt sein muss. Bei seinen stillen Alkoholexzessen möchte der »Golden Boy«, wie Holden nach einem alten Filmtitel noch immer in der Regenbogenpresse genannt wird, ungestört und alleine sein.

Nach dem Telefongespräch mit Stefanie Powers gibt er sich zielgerichtet den Freuden ungebremsten Alkoholkonsums hin. Am Ende hat er eine Flasche Wodka und vier Flaschen Bier intus. Doch das reicht ihm noch immer nicht. In seinem abgedunkelten Apartment öffnet er die nächste Wodkaflasche. Der eingeschaltete Fernseher verströmt nur ein spärliches Licht, als Holden zu seinem Bett wankt. In der Dunkelheit sieht er den leicht abstehenden Rand des Bettvorlegers nicht. Der 63-Jährige bleibt mit seinem Fuß hängen und kommt in Schieflage. Seine Hände rudern hilflos durch die Dunkelheit, doch sie finden keinen Halt. Holden stürzt und schlägt mit seinem Kopf krachend gegen die scharfe Kante des Nachttisches. Der Schauspieler spürt, wie warmes Blut sein Gesicht hinunter läuft. Er liegt auf dem Boden und tastet blind mit den Händen umher. Er versucht aufzustehen, doch es gelingt ihm nicht. Er ist durch den Alkohol und den Sturz zu geschwächt. Nachdem er mit seinen Händen eine Kleenex-Packung ertastet, wischt er sich mit den Tüchern notdürftig das Blut aus dem Gesicht. Das Telefon steht auf dem Nachttisch in unmittelbarer Nähe. Vielleicht unterschätzt Holden seine Verletzung und holt deshalb keine Hilfe. Oder er schafft es einfach nicht, an den Hörer zu kommen.

Am 16. November 1981 betritt der Verwalter des Apartmenthauses, Bill Martin, mit einem Nachschlüssel die Wohnung von William Holden. Freunde des Schauspielers haben sich inzwischen Sorgen gemacht und den Verwalter darum gebeten. Die gesellschaftliche Auszeit, die sich Holden diesmal genommen hat, kommt ihnen ungewöhnlich lange vor. Auf Anrufe hat er nicht reagiert. Bill Martin findet den prominenten Schauspieler auf dem Boden neben seinem Bett liegend. Holden ist durch seine vergleichsweise kleine Kopfverletzung verblutet.

Als Regisseur Billy Wilder von den seltsamen Todesumständen seines alten Freundes erfährt, kann er es kaum fassen. Wilder meint dazu lakonisch: »Wenn mir jemand gesagt hätte, Holden sei tot, dann hätte ich angenommen, er sei von einem Wasserbüffel in Kenia aufgespießt worden, bei einem Flugzeugabsturz über Hongkong gestorben, eine eifersüchtige Frau habe durchgedreht, ihn angeschossen und er wäre in einen Swimmingpool gefallen und ertrunken. Aber von einer Flasche Wodka und einem Nachttisch getötet zu werden – was für ein lausiger Abgang eines tollen Kerls!«

Herrengedeck
»Golden Boy«

Zutaten: Vier Flaschen Bier, eine Flasche Wodka

Zubereitung: Die Flaschen öffnen und möglichst abwechselnd (Bier – Wodka – Bier – Wodka etc.) trinken.

Michael Hutchence
1960 – 1997

Im November 1997 stehen die Vorbereitungen für die Jubiläums-
tour der australischen Rockband »INXS« kurz vor dem Abschluss.
Mit einem Auftrittsmarathon quer durch ihre Heimat wollen
Frontmann Michael Hutchence und seine Mitstreiter den zwan-
zigjährigen Geburtstag ihrer Combo feiern. Nach einer abschlie-
ßenden Bandprobe trifft sich Hutchence am frühen Abend des
21. November 1997 mit seinem Vater Kelland und seiner Stiefmut-
ter Susan in Sydneys gediegenem Restaurant »Flavour Of India«.
Bei Chicken Curry und Bier berichtet der 37-jährige Rockmusiker
von seinen Zukunftsplänen. Bereits im Januar des kommenden
Jahres will Hutchence seine Freundin Paula Yates auf einer Kari-
bikinsel ehelichen. Seit zwei Jahren ist er mit der Ex-Frau seines
Musikerkollegen Bob Geldof liiert. Die gemeinsame Tochter Tiger
Lily soll durch die geplante Hochzeit endlich eine richtige Familie
bekommen.

Nach Verkündigung der frohen Botschaft ist Michael Hutchence
vollkommen aufgekratzt. Er macht Witze, scherzt und lacht dabei
so laut, dass sich die anderen Gäste des Lokals nach im umdrehen.
Doch sein Vater Kelland traut der ausgelassenen Freude seines
Sohnes nicht. Kellnerin Susan Murtagh beobachtet, wie er nach
Michaels Hand greift und fragt: »Ist alles in Ordnung mit dir?«

Kelland weiß, dass das Glück des jungen Paares nicht frei von
dunklen Wolken ist. Seit Monaten kämpft Paula Yates um das Sorgerecht für ihre drei Kinder aus erster Ehe. Ihr Ex-Mann Bob Geldof hat der britischen Fernsehmoderatorin unmissverständlich

erklärt, dass er die drei Töchter unter allen Umständen bei sich in England behalten will. Ein geplanter Adventsbesuch von Paula mit allen Kindern bei Michael in Australien ist dadurch mehr als fraglich geworden. »Ist wirklich alles in Ordnung?«, fragt Kelland Hutchence erneut.

»Doch, doch. Es ist alles in Ordnung, Dad«, versichert Michael, zündet sich eine Marlboro Lights an und vertreibt mit neuen Scherzen seine düsteren Gedanken. Nach dem Essen verabschiedet sich der Rockmusiker von Kelland und Susan und fährt zum »Ritz Carlton Hotel«, wo er die Suite 524 bewohnt. In der Hotelbar trifft er zufällig auf die australische Schauspielerin Kym Wilson und deren Freund Andrew Rayment. Nach einigen Daiquiris am Tresen entschließt sich das Trio gegen 23 Uhr, in Michaels Suite weiter zu bechern. Die Stimmung des Musikers ist nach wie vor fröhlich. Nur wenn das Gespräch auf den Sorgerechtsstreit mit Bob Geldof kommt, verdüstert sich seine Miene.

Bis um 5 Uhr morgens plaudern die drei bei Wodka, Bier und Champagner. Dann verlassen Wilson und Rayment die Hotel-Suite. Angetrunken führt Hutchence in den folgenden Stunden noch einige Telefonate. Mehrfach wählt er Bob Geldofs Nummer in England, um den Ex-Mann von Paula Yates zu beschimpfen und von ihm das Sorgerecht für die drei Töchter zu fordern. Anschließend telefoniert er mit Paula und mit seiner Managerin Martha Troup in New York. Das letzte Gespräch führt er gegen 9 Uhr 54 mit seiner Ex-Freundin Michelle Bennett. Er klingt müde und deprimiert. Michelle merkt sofort, dass irgendetwas mit ihm nicht stimmt. Nach dem Ende des Gesprächs verlässt sie ihr Apartment in Sydney und macht sich voller Sorge auf den Weg zum »Ritz Carlton Hotel«. Doch als sie an die Tür von Michaels Suite klopft, öffnet ihr niemand. Sie hinterlässt daraufhin eine Nachricht an der Rezeption für Michael und kehrt unverrichteter Dinge zurück in ihr Apartment. Wahrscheinlich ist Michael Hutchence zu diesem Zeitpunkt bereits tot.

Gegen 11 Uhr 30 klopft ein Zimmermädchen an die Tür der Hotel-Suite. Als sie keine Antwort erhält, öffnet sie mit einem Zweitschlüssel die Tür, um wie üblich das Zimmer sauber zu machen. Was sie hinter der Tür entdeckt, lässt ihr das Blut in den Adern gefrieren: Michael Hutchence kniet nackt auf dem Boden. Um seinen Hals ist ein lederner Gürtel geschwungen, der straff an der Türklinke befestigt ist. Ob sich der Musiker bei einem autoerotischen Spiel unfreiwillig selbst stranguliert hat, oder ob er den Gürtel in eindeutiger Selbstmordabsicht um seinen Hals festgezurrt hat, kann die australische Polizei später nicht zweifelsfrei klären. Bei der Obduktion seiner Leiche werden neben den konsumierten Alkoholika auch Rückstände von Kokain und Spuren des Antidepressivums »Prozac« festgestellt.

Paula Yates stirbt drei Jahre nach Michael Hutchence an einer Überdosis Heroin. Nach ihrem Tod bekommt Michaels alter Rivale Bob Geldof auch das Sorgerecht für Töchterchen Tiger Lily.

Chicken Curry
»Suicide Blonde«

Zutaten: 900 g Hähnchenschenkel, 2 Zwiebeln, 2 Knoblauchzehen, 180 ml Kokosmilch, 50 g gehackte Cashewkerne, 1 TL Chili, Butter, Zitronensaft, 1 TL Ingwer, Öl, Koriander, Kümmel, Pfeffer, Salz

Zubereitung: Die Hähnchenschenkel mit Pfeffer, Salz, Koriander und Kümmel einreiben und ca. eine Stunde kalt stellen.

Die Zwiebeln und Knoblauchzehen schälen und in kleine Stücke schneiden. Anschließend in einer großen Pfanne Öl erhitzen und Zwiebel und Knoblauch darin glasig dünsten. Frischen Ingwer und Chili hinzugeben und ca. eine Minute mitbraten. Anschließend die Hähnchenschenkel dazufügen und so lange braten, bis sie nicht mehr rosig sind. Dabei mehrmals wenden. Mit 60 ml Kokosmilch und 60 ml Wasser ablöschen und bei geschlossenem Deckel rund 30 Minuten auf kleiner Flamme köcheln lassen.

Etwas Butter in einer anderen Pfanne erhitzen und die Cashewkerne darin auf mittlerer Flamme goldbraun rösten.

In die Hähnchenpfanne die restlichen 120 ml Kokosmilch geben, kurz aufkochen und vom Feuer nehmen. Mit Salz und Zitronensaft abschmecken und die gerösteten Cashewkerne darüber geben.

Dazu Reis, Bier, Daiquiris, Wodka, Champagner und Marlboro Lights.

Jesse James
1847–1882

Der 3. April 1882 ist ein sonniger Tag mit strahlend blauem Himmel. Gut gelaunt öffnet Zerelda James die blauen Fensterläden des weißen Holzhauses in Saint Joseph, Missouri. Seit sie mit ihrem Mann Jesse im Dezember des vergangenen Jahres in dem kleinen Kaff untergeschlüpft ist, fühlt sie sich sicherer. Jesse hat angekündigt, seine gefährliche Banditenkarriere demnächst zu beenden und ein ehrbares Leben führen zu wollen. Als Mr. und Mrs. Thomas Howard besuchen Jesse und Zerelda regelmäßig die Gottesdienste in der Dorfkirche und haben sich damit die Achtung und den Respekt ihrer Nachbarn erworben. Doch die zahllosen Banküberfälle und Morde, die Jesse mit seinem Bruder Frank und den Younger-Brüdern in der Vergangenheit verübte, holen den 34 Jahre alten Revolverheld am Morgen jenes 3. April wieder ein.

Jesse weiß, dass sein Leben noch immer in Gefahr ist: Immerhin hat der Gouverneur von Missouri 10.000 Dollar auf seinen Kopf ausgesetzt. Doch im kleinbürgerlichen Alltag von Saint Joseph fühlt er sich geschützt vor seinen Verfolgern. Neben den unbedarften Nachbarn, denen er beim sonntäglichen Kirchgang begegnet, wissen nur die Brüder Bob und Charlie Ford von seinem Unterschlupf. Die beiden Brüder waren in den letzten Jahren gemeinsam mit Jesse raubend und mordend durch die amerikanischen Südstaaten gezogen. Bisweilen nächtigen Bob und Charlie sogar bei Jesse und Zerelda in deren kleinem Holzhaus. Die Ford-Brüder gehören zu den wenigen Menschen, denen Revolverheld Jesse noch blind vertraut.

Auch die Nacht vom 2. auf den 3. April 1882 haben Bob und Charlie bei ihrem Bandenchef verbracht, der in Teilen der Südstaaten das Image eines modernen Robin Hood genießt. Singend bereitet Zerelda das Frühstück für die drei Männer zu. Es gibt an diesem Morgen frisch gebackene Biskuits, Rührreier mit Kalbshirn, Hafergrütze, Milch und Kaffee.

Nach dem reichhaltigen Essen geht Jesse James ins Schlafzimmer, um etwas Staub von einem Bild zu entfernen, der ihm beim Aufstehen aufgefallen war. Er schnallt seinen Revolvergurt ab, legt ihn aufs Bett und steigt auf einen Stuhl. Er ist vollkommen ahnungslos, als auch die Ford-Brüder das Schlafzimmer betreten. Er kann nicht wissen, dass Bob und Charlie seit geraumer Zeit in Kontakt mit dem Gouverneur von Missouri, Thomas T. Crittenden, stehen. Beide sind heiß auf die 10.000 Dollar, die auf den Kopf des legendären Bandenchefs ausgesetzt sind. Bob Ford erkennt die günstige Gelegenheit als Erster. Er schleicht sich an Jesse von hinten heran, zieht seinen Revolver und schießt dem ahnungslosen Hausmann ohne Vorwarnung in den Hinterkopf. Jesse James ist sofort tot.

Wenig später stellen sich Bob und Charlie den Behörden und werden wegen Mordes zum Tod durch den Strang verurteilt. Doch Gouverneur Thomas T. Crittenden amnestiert die Brüder unverzüglich und zahlt ihnen einen Teil des Kopfgeldes aus. Glücklich werden die beiden mit dem Judaslohn allerdings nicht. Charlie Ford begeht im Mai 1884 Selbstmord, sein Bruder Bob wird wenig später in einem Saloon in Creede, Colorado, erschossen. Jesse James findet seine letzte Ruhestätte im Vorgarten seiner Mutter, die in seinen Grabstein die Wort einmeißeln lässt: »Ermordet von einem Feigling, dessen Name es nicht wert ist, erwähnt zu werden.«

Western-Frühstück
»Jesse James«

Zutaten: 500 g Mehl, 1 Päckchen Backpulver, 125 g Schweine-schmalz, 900 ml Milch, Salz, 150 g Butter, 200 g Hafergrütze, 2 Eier, $^1/_2$ Zwiebel, 2 Kalbshirnhälften (alternativ: Kalbsbries), Essig

Zubereitung: Mehl, Backpulver und etwas Salz in eine Schüssel geben. In der Mitte eine Mulde machen und Schweineschmalz hi-neingeben. 400 ml Milch hinzufügen und einen gleichmäßigen Teig kneten. Den Teig in einer Dicke von ca. 2 Zentimeter ausrol-len. Anschließend mit einem Glas runde Biskuits ausstechen und auf ein mit Mehl bestäubtes Backblech geben. Im vorgeheizten Ofen die Biskuits bei 200 Grad backen, bis sie goldbraun sind.

500 ml Milch, $^1/_4$ Liter Wasser, etwas Salz und 200 g Hafer-grütze in einem Topf aufkochen. Auf kleinster Flamme ca. 30–40 Minuten ausquellen lassen. Anschließend ca. 80 g Butter unter-rühren.

Eine halbe Zwiebel in Würfel schneiden und in Butter glasig dünsten. Zwei Eier in einer Schüssel verrühren und in die heiße Pfanne zu der Zwiebel geben. Unter stetem Umrühren anbraten.

Die Kalbshirne wässern, Haut und Äderchen entfernen. An-schließend nochmals mit Wasser abspülen und in Salzwasser mit einem Schuss Essig auf kleiner Flamme ca. 10 Minuten garen. Die Kalbshirne herausnehmen und abtropfen lassen. Danach in Strei-fen schneiden und in Butter anbraten. Zusammen mit den Rühr-eiern, der Hafergrütze und den Biskuits servieren.

Dazu Kaffee, Milch und blaue Bohnen.

Jesus von Nazareth
ca. 4 v. Chr. – 30 n. Chr.

Für die einen ist er der Messias, für die anderen ein philosophischer Sektierer und Aufrührer. Bereits zu seinen Lebzeiten
spaltet Jesus seine Zeitgenossen in zwei Lager. Für die römischen
Besatzer in Galiläa entwickelt sich der kompromisslose Wanderprediger aus Nazareth allerdings zunehmend zu einer politischen
Bedrohung. Seine Botschaft, der Sohn eines mächtigen, überirdi-
schen Königs zu sein, versteht man in Rom als Kampfansage. Man
befürchtet, dass der versierte Rhetoriker die Massen zu einem Aufstand gegen die römischen Besatzer aufwiegeln könnte.

Jesus ahnt, dass er nicht mehr allzu viel Zeit hat. Die Ableh-
nung, mit der er von den Römern betrachtet wird, ist ihm nicht
verborgen geblieben. Er weiß, wie die Römer reagieren, sobald sie
ihre Macht bedroht sehen. Am ersten Tag des jüdischen Passah-
festes, einem Donnerstag, schickt er seine beiden Apostel Petrus
und Johannes los, um einen geeigneten Ort für das traditionelle
Festessen zu suchen. Die beiden werden in einer Herberge nahe
des Ölbergs fündig. Im Obergeschoss der Gastwirtschaft richten
sie einen Raum mit einem flachen Tisch und flauschigen Boden-
kissen ein. Anschließend kümmern sie sich um die kulinarischen
Ingredienzen des Festes, das an die Flucht der jüdischen Ahnen
aus Ägypten erinnern soll.

Als Jesus mit den anderen zehn Jüngern in der Herberge erscheint, stehen auf dem Tisch frisch gebackenes Matzenbrot, ge-
grilltes Lamm, Äpfel, Rosinen, Datteln, Wein, Salzwasser und
Petersilie. Das Salzwasser symbolisiert die in der ägyptischen

Sklaverei vergossenen Tränen, die Petersilie gilt als das Kraut des freien Menschen. Noch bevor es ans Schlemmen geht, leeren die Apostel jedoch die ersten Becher Wein in einem Zug. Das hastige, rituelle Trinken soll an die überstürzte Flucht der Vorfahren aus Ägypten erinnern, bei der wenig Zeit für vornehme Tischmanieren blieb.

Dem einen oder anderen Apostel steigt der genossene Wein bereits zu Kopf, als Jesus die Tafel endlich eröffnet. Judas Iskariot bleibt das Lamm kurz darauf jedoch fast im Halse stecken. »Wahrlich, ich sage euch: Einer von euch wird mich verraten, einer, der mit mir isst«, sagt Jesus ruhig und ohne Zorn. Er sieht keinem seiner Apostel dabei in die Augen, doch Judas Iskariot weiß sofort, dass er gemeint ist. Während Petrus und Johannes das Festessen vorbereiteten, war er zu den Schriftgelehrten und Hohenpriestern von Jerusalem gegangen, um Jesus für ein paar Silberlinge zu verkaufen. Glück bringt ihm sein Verräterlohn allerdings nicht. Das schlechte Gewissen treibt ihn später in den Selbstmord. Beim letzten Abendmahl mit Jesus gibt er sich jedoch nicht als der Verräter zu erkennen. Er isst und trinkt mit den anderen Aposteln, als wäre nichts geschehen.

In der Vorahnung seines Todes zelebriert Jesus währenddessen sein fleischliches Vermächtnis. Er bricht Brot, reicht Wein und transformiert die Getränke und Speisen zum spirituellen Zeichen seines Körpers. Der Wein ist sein Blut, das Brot ist sein Fleisch.

Anschließend gelüstet es den Propheten nach einem kleinen Spaziergang durch die laue Abendluft. Gefolgt von seinen Aposteln tritt er am Fuße des Ölbergs in den Garten eines kleinen Gehöfts namens Getsemani und betet. Viel Zeit bleibt ihm nun nicht mehr. Bereits kurz darauf erscheinen die Häscher der Schriftgelehrten und Hohenpriester, um ihn zu verhaften. Auf das verabredete Zeichen hin, einen Wangenkuss von Judas Iskariot, binden sie ihm die Hände und führen ihn ab.

Bei der folgenden Befragung durch die Schriftgelehrten und

Hohenpriester besteht Jesus hartnäckig darauf, Gottes Sohn zu sein. Sein Todesurteil wegen Gotteslästerung steht damit fest. Am nächsten Tag wird er dem römischen Stadthalter von Jerusalem, Pontius Pilatus, übergeben. Unter seiner Verantwortung wird der umstrittene Prophet aus Nazareth schließlich ans Kreuz geschlagen.

Das letzte Abendmahl
Matzenbrot

Zutaten: 450 g Weizenvollkornmehl, 225 g Gerstenvollkornmehl, 220 ml Wasser, Öl

Zubereitung: Mehl und Wasser sorgfältig mit einem Holzlöffel verrühren. Den Teig ca. drei Minuten lang kneten. Anschließend den Teig in sechs bis acht Stücke teilen und zu Kugeln formen. Ein Backblech einölen und die Kugeln darauf verteilen. Jede Kugel mit der Hand flach drücken, so dass Fladen mit einem Durchmesser von ca. 10 cm entstehen. Danach vorsichtig mit einer Gabel einstechen, um Blasen zu vermeiden. Die Teigfladen bei 250 Grad im vorgeheizten Ofen ca. zehn Minuten backen.

Passahlamm

Zutaten: 1,5 kg Lammkeule, 3 säuerliche Äpfel, 1 Zwiebel, 1 Knoblauchzehe, 2 EL Honig, $^1/_2$ Zitrone, 3 EL Olivenöl, $^1/_2$ Liter Cidre, 10 ml Calvados, Thymian, Koriander, Salz, Pfeffer

Zubereitung: Aus Honig, Salz, Pfeffer und dem Saft einer halben Zitrone eine Marinade anrühren. Die Lammkeule rundherum damit einreiben. Das Fleisch anschließend für ca. zwei Stunden in den Kühlschrank stellen.

Die Äpfel schälen, entkernen und in kleine Würfel schneiden. Die Zwiebel und die Knoblauchzehe schälen und grob würfeln. Danach die Lammkeule in einem großen Bräter mit Olivenöl anbraten. Zwiebel, Knoblauch und Äpfel hinzugeben. Das Ganze mit Cidre ablöschen und aufkochen lassen. Mit Thymian, Koriander, Salz und Pfeffer würzen. Zugedeckt in den vorgeheizten Ofen geben. Bei 160 Grad ca. 1,5 Stunden schmoren lassen.

Anschließend die Lammkeule aus dem Bräter nehmen und die Sauce durch ein Sieb passieren. Die Sauce in einen Topf geben und mit dem Calvados ca. fünf Minuten einkochen lassen. Wieder mit Salz und Pfeffer abschmecken. Danach zusammen mit der Lammkeule servieren.

Dazu Wein, Rosinen, Datteln. Als Dekoration Salzwasser und Petersilie.

Janis Joplin
1943 – 1970

Für Janis Joplin könnte es Anfang Oktober 1970 kaum besser laufen. Die 27-jährige Sängerin steht kurz vor der Vollendung ihres neuen Albums »Pearl«, das sie endgültig zur weißen Göttin des Blues machen wird. Am Nachmittag des 3. Oktober 1970 singt sie in einem Studio in Los Angeles den Titel »Me And Bobby McGee« ein, eine potenzielle Hitsingle aus der Feder von Countrysänger Kris Kristofferson. Doch der Aufnahmestress zehrt zusehends an den Kräften der Texanerin mit der rauen Reibeisenstimme. Mit Alkohol, Zigaretten und Aufputschmitteln versucht Janis ihren Körper, Geist und Seele wieder in Einklang zu bringen. Vor allem ein Whiskey-Likör der Marke »Southern Comfort« soll ihr bei diesen untauglichen Versuchen helfen. Im Jahr 1970 gibt es kaum ein Foto der Sängerin, auf dem sie nicht eine Flasche des hochprozentigen Gesöffs in der Hand hält. Der Hersteller des Getränks lässt ihr deshalb sogar 6.000 Dollar für die unfreiwillige Werbemaßnahme zukommen.

Am Abend des 3. Oktober 1970 gelüstet es Janis Joplin jedoch nicht allein nach »Southern Comfort«. Um den nachmittäglichen Stress im Aufnahmestudio wegzuspülen, macht sich Janis mit ihrem Bandkumpel Ken Pearson auf den Weg in »Barney's Beanery«. In der stadtbekannten Absackerbar kippen sich die beiden mehrere Screwdriver hinter die Binde. Janis ist bekannt und berüchtigt dafür, fast jeden Mann unter den Tisch saufen zu können.

Kurz nach Mitternacht verlassen sie gut gelaunt »Barney's Beanery«. Janis Joplin fährt ins »Landmark Hotel«, in dem sie das Zimmer 105 bewohnt. Dort angekommen, fällt sie eine schwerwiegende Entscheidung. Obwohl sie seit einem Südamerikatrip clean ist, will sie in dieser Nacht wieder den Heroin-Kick spüren. Ihr Stammdealer George hat sie mit frischer Ware versorgt. Normalerweise lässt George seinen Stoff von einem befreundeten Apotheker kontrollieren, doch das Heroin, das er Janis verkauft hat, ist ausnahmsweise nicht durch die strenge Endkontrolle des Pharmazeuten gegangen. Weder George noch Janis wissen, dass der Stoff, den sich die 27-Jährige in dieser Nacht in ihrem Hotelzimmer in die Vene jagt, vier Mal so stark ist wie das Heroin, das ihr Körper normalerweise gewohnt ist.

Dennoch wirkt die Droge nicht sofort mit ganzer Kraft. Janis ist sogar noch in der Lage, die Treppe zur Lobby des »Landmark Hotels« hinunter zu steigen. Beim Nachtportier wechselt sie Geld für den Zigarettenautomaten. Anschließend hält sie noch einen kleinen Plausch mit dem Hotelangestellten. Er wird später aussagen, dass ihm nichts Ungewöhnliches an der jungen Frau aufgefallen wäre. Zurück in ihrem Zimmer schießt die Wirkung des hochdosierten Heroins dann mit der Kraft eines Dampfhammers durch Janis' Nervenbahnen. Sie schafft es gerade noch, eine Zigarette aus der frisch gezogenen Packung zu fingern, dann kollabiert ihr Körper. Sie kippt um und schlägt mit dem Kopf auf den Nachttisch neben dem Hotelbett. Ihre Nase bricht bei dem Sturz, doch wahrscheinlich spürt sie davon nichts mehr.

Als ihr Bandkollege John Cook sie am nächsten Tag telefonisch nicht erreichen kann, macht er sich auf den Weg ins »Landmark Hotel«. Auf sein Klopfen an der Zimmertür 105 erhält er keine Reaktion. Von einer dunklen Vorahnung begleitet, bricht Cook kurzerhand die Tür auf. Janis Joplin liegt noch immer, eine letzte Zigarette zwischen den Fingern, neben dem Hotelbett. Sie ist bereits seit mehreren Stunden tot.

Ihrem letzten Willen gemäß vertrinken nach ihrer Beerdigung 200 Freunde ihre hinterlassene Barschaft von rund 2500 Dollar auf einer ausgelassenen Party. Der Song »Me And Bobby McGee« wird posthum zum einzigen Numer-1-Hit der legendären Blueslady.

Screwdriver »Pearl«

Zutaten: 4 cl Wodka, 10 cl Orangensaft

Zubereitung: Wodka und Orangensaft in einen Cocktailshaker geben und gut durchschütteln. Anschließend in Gläser füllen und servieren.

Dazu eine letzte Zigarette.

John F. Kennedy
1917 – 1963

Rund zweitausend geladene Gäste der Handelskammer von Fort Worth klatschen begeistert, als John F. Kennedy am Morgen des 22. November 1963 den Ballsaal des »Texas Hotels« betritt. Der amerikanische Präsident fühlt sich geschmeichelt. Nicht immer flogen ihm in der Vergangenheit die Sympathien der Texaner zu. Obwohl sein Vizepräsident Lyndon B. Johnson aus Texas stammt, ist der Öl- und Rinderstaat alles andere als eine Hochburg von Kennedys Demokratischer Partei. Um für seine Wiederwahl im nächsten Jahr zu werben, hat sich der 46-Jährige entschlossen, einen exklusiven Zwei-Tage-Trip durch fünf texanische Städte zu machen. In Fort Worth will der Präsident die Mitglieder der ortsansässigen Handelskammer während eines Business-Frühstücks um Unterstützung für den kommenden Wahlkampf bitten. Bei Kaffee, Orangensaft, Toast, Marmelade, Schinken und weichgekochten Eiern schwört Kennedy die geladenen Texaner auf seine Politik ein. An seiner Seite sitzen seine Frau Jacqueline und Vizepräsident Lyndon B. Johnson. Die Stimmung im Saal ist prächtig. Nach Kennedys feuriger Rede spielt das »Jimmy Ravitta Orchestra« auf den besonderen Wunsch des Präsidenten »The Eyes Of Texas Are Upon You«. Der Song ist als musikalisches Kompliment für seine Frau Jacqueline gedacht, die in einem Aufsehen erregenden rosa Kostüm zum Frühstück erschienen ist.

Nach Abschluss der Veranstaltung kehrt Kennedy in seine Suite des »Texas Hotels« zurück, um mit dem Herausgeber der »Dallas Times«, James Chambers, zu telefonieren. Der Präsident überrascht Chambers mit einer ungewöhnlichen Bitte: Chambers, der zu einem geplanten Mittagessen am nächsten Etappenziel in Dallas eingeladen ist, soll Kennedy ein paar gute Zigarren mitbringen. Die »Macanudos«, die der Präsident leidenschaftlich gerne pafft, sind ihm auf der Texas-Tour ausgegangen. Chambers verspricht, den Wunsch des Präsidenten zu erfüllen. Er kann nicht ahnen, dass es zu dem geplanten Mittagessen nicht mehr kommen wird.

Gegen 11 Uhr 25 verlassen John F. Kennedy, seine Frau Jacqueline und Lyndon B. Johnson das »Texas Hotel«, fahren zum Flughafen von Fort Worth und steigen in die Präsidentenmaschine Airforce One. Nur dreizehn Minuten später landet die Maschine auf dem Flughafen Love Field in Dallas. In einem Autokorso soll es von hier in die Innenstadt zum »Dallas Trade Mart« gehen, wo Kennedy seine nächste Rede halten will. Entgegen der Empfehlung seines Sicherheitsdienstes entscheidet sich der Präsident für ein Auto mit offenem Verdeck, einen dunkelblauen Lincoln Continental. Neben Kennedy und seiner Frau Jacqueline sitzen der Gouverneur von Texas, John Connally, dessen Frau Nellie, sowie der Secret Service Agent Roy Kellerman und Chauffeur William Greer im Auto.

Gegen 12 Uhr 30 erreicht die langsam fahrende Präsidentenkolonne die Innenstadt von Dallas. Die Straßen sind gesäumt von Menschen, die Kennedy zujubeln. Als die Kolonne in die Elm Street einbiegt und sich dem Schulbuchdepot des Staates Texas nähert, dreht sich Connally zu Kennedy um. »Mr. President, man kann nicht sagen, dass Dallas Sie nicht liebt«, meint er angesichts der freundlich winkenden Menschen am Straßenrand.

»Nein, das kann man ganz sicher nicht sagen«, antwortet John F. Kennedy knapp. Es sind seine letzten Worte. Sekunden später peitschen mehrere Schüsse durch die Luft. Der erste durchschlägt Kennedys Hals und bohrt sich in Connallys Oberkörper. Der Gouverneur sackt sofort zusammen. Seine Frau Nellie drückt ihn an sich und verhindert so unbewusst einen tödlichen Kollaps seiner Lunge. Kennedy hingegen kann nicht wegtauchen. Ein Korsett, das er wegen seiner Rückenprobleme trägt, zwingt ihn weiter zu einer aufrechten Sitzhaltung im offenen Auto. Er ist das ideale Ziel für einen Attentäter. Der zweite Schuss trifft seinen ungeschützten Kopf. Ein Secret-Service-Mitarbeiter springt auf das Heck der Limousine, um den Präsidenten vor weiteren Kugeln zu schützen. Doch es ist zu spät, bereits der zweite Schuss war tödlich.

Kennedy wird in die Notaufnahme des »Parkland Memorial Hospital« gebracht, wo man seinen Herzschlag so lange aufrecht erhält, bis ihm ein katholischer Priester die Sterbesakramente gespendet hat. Um 13 Uhr wird der amerikanische Präsident offiziell für tot erklärt.

Fünfzehn Minuten später entdeckt Polizist J. D. Tippit in einem Wohnviertel von Dallas einen Mann, auf den die Beschreibung des Unbekannten passt, den Augenzeugen mit einem Gewehr am Fenster des Schulbuchdepots in der Elm Street gesehen haben wollen. Tippit hält den unbekannten Mann auf, doch dieser zieht sofort einen Revolver und streckt den Polizisten mit drei Schüssen nieder. Anschließend jagt er dem auf dem Boden liegenden Cop eine weitere Kugel in den Kopf. Der unbekannte Mann heißt Lee Harvey Oswald und wird wenig später in einem Kino festgenommen. Obwohl alle Indizien gegen ihn sprechen, streitet der 25-Jährige jegliche Beteiligung an dem Attentat auf John F. Kennedy ab. Zwei Tage später wird Oswald bei seiner Überführung ins Staatsgefängnis vor laufenden TV-Kameras von einem Nachtclubbesitzer erschossen.

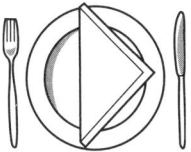

American Breakfast
»JFK«

Zutaten: Toast, Marmelade, Butter, Schinken, weich gekochte Eier

Zubereitung: Die Zutaten appetitlich anordnen. Mit kleinen amerikanischen Fahnen dekorieren.

Dazu Kaffee und frisch gepresster Orangensaft.

Heinrich von Kleist
1777 – 1811

Johann Stimming ahnt nichts von den Plänen des jungen Paares, das am Nachmittag des 20. November 1811 in seinem Gasthof »Neuer Krug« am Kleinen Wannsee absteigt. Der Dichter Heinrich von Kleist und seine Freundin Henriette Vogel haben mit dem Leben bereits abgeschlossen, als sie zwei Zimmer in der Pension des Gastwirts mieten. Kleist ist in tiefen Depressionen gefangen, seit mehreren Jahren trägt er sich schon mit Selbstmordgedanken. Seine anhaltende literarische Erfolglosigkeit und ganz profane finanzielle Probleme haben ihn an den Abgrund gebracht. Mehrere Freunde hat er bereits bedrängt, gemeinsam mit ihm Selbstmord zu begehen. Ganz allein möchte Kleist nicht aus der Welt scheiden. Doch keiner seiner Freunde konnte dem Gedanken an einen romantischen Doppelselbstmord etwas abgewinnen. Erst die Bekanntschaft mit Henriette Vogel bringt Kleist seinem morbiden Ziel ein entscheidendes Stück näher. Die 38-Jährige ist unheilbar an Krebs erkrankt. Die Freitodgedanken des erfolglosen Dichters erschrecken sie nicht. Im Gegenteil, Henriette Vogel ist nicht nur bereit, gemeinsam mit Kleist ihrem Leben ein Ende zu setzen, sie forciert die Sache sogar.

In der Nacht vom 20. auf den 21. November 1811 schreiben die Beiden in Johann Stimmings Gasthof Abschiedsbriefe an ihre Verwandten und Freunde. Vor allem seiner Halbschwester Ulrike möchte Kleist seine Beweggründe für das tödliche Vorhaben darlegen. Gegen vier Uhr morgens schreibt er bei Kerzenlicht: »Ich kann nicht sterben, ohne mich, zufrieden und heiter, wie ich bin, mit der ganzen Welt, und somit auch, vor allen anderen, meine teuerste Ulrike, mit Dir versöhnt zu haben … Die Wahrheit ist, dass mir auf Erden nicht zu helfen war. Und nun lebe wohl, möge Dir der Himmel einen Tod schenken, nur halb an Freude und unaussprechlicher Heiterkeit dem meinigen gleich … Dein Heinrich.«

Am nächsten Morgen übergeben Henriette und Heinrich ihre Abschiedsbriefe dem ahnungslosen Gastwirt, der sie per Boten nach Berlin bringen lassen soll. Zur Mittagszeit schlürft das Paar dann eine heiße Bouillon im »Neuen Krug«. Anschließend erkundigt sich Kleist nach Ausflugsmöglichkeiten. Auf Johann Stimming macht der 34-Jährige einen aufgeräumten, heiteren Eindruck. Der Gastwirt empfiehlt dem Paar einen Spaziergang zur Pfaueninsel. Doch die beiden entscheiden sich anders. Beiläufig erkundigen sie sich, wann der Bote mit ihren Briefen wohl in Berlin einträfe. Stimming schätzt seine Ankunftszeit auf 16 Uhr. Natürlich weiß er nicht, was hinter der Frage steht: Henriette und Kleist wollen sicher gehen, dass ihr tödlicher Plan bereits vollendet ist, wenn die Briefe in Berlin eintreffen. Vorsorglich mieten sie zwei weitere Zimmer und bestellen Abendessen für zwei Personen im »Neuen Krug«. Die beiden Selbstmordkandidaten wissen, dass sich Henriettes Mann gemeinsam mit seinem besten Freund sofort auf den Weg zum Kleinen Wannsee machen wird, sobald er den Abschiedsbrief seiner Frau in den Händen hält.

Es ist 15 Uhr, als sich Heinrich von Kleist und Henriette Vogel zum Ufer des Sees aufmachen. Ihrem Wirt Johann Stimming haben sie zuvor aufgetragen, ihnen einen Tisch, zwei Stühle und Kaffee nachzubringen. Stimming wundert sich zwar, dass das Paar den Kaffee in der kalten Novemberluft serviert bekommen möchte, doch er schickt unverzüglich eine Angestellte hinterher, die den Wunsch seiner Gäste erfüllen soll.

Henriette Vogel und Heinrich von Kleist stehen am Ufer des Kleinen Wannsees und lassen fröhlich flache Steine über die Wasseroberfläche tanzen, als Stimmings Angestellte den Tisch und die Stühle aufbaut und den Kaffee serviert. Kleist besteht darauf, den Kaffee sofort zu bezahlen, obwohl die Angestellte ihm mehrfach versichert, dass er auch nach seiner Rückkehr zum »Neuen Krug« die Rechnung begleichen könne. Doch Kleist weiß, dass es keine Rückkehr geben wird. Er will nichts schuldig bleiben. Die Angestellte ist bereits auf halbem Weg zurück zum Gasthof, als zwei Schüsse die ländliche Stille durchbrechen. Heinrich von Kleist schießt zuerst seiner Freundin Henriette Vogel ins Herz und jagt sich anschließend eine Kugel in den Kopf.

Bouillon
»Marquise von O . . .«

Zutaten: 1 kg Suppenfleisch, 5 Karotten, 6 Lauchstangen, 2 Sellerieknollen, 1 Bund Petersilie, 1 Zwiebel, 3 Lorbeerblätter, Salz, Pfeffer

Zubereitung: Das Fleisch in einen Topf geben und mit kaltem Wasser bedecken. Das Wasser zum Kochen bringen und gelegentlich abschäumen. Danach auf kleiner Flamme weiter köcheln lassen. Das Gemüse säubern und gegebenenfalls schälen. Danach zusammen mit dem Lorbeer in den Topf zum Fleisch geben. Das Ganze mit Salz und Pfeffer abschmecken und rund 3 ½ Stunden auf kleiner Flamme kochen lassen.

Wenn das Fleisch gar ist, herausnehmen. Die Bouillon durch ein Sieb geben und auf Suppenteller verteilen.

Dazu eine Tasse Kaffee.

Kleopatra
ca. 69 – 30 v. Chr.

Octavian lässt sich von Kleopatras Schauspiel nicht beeindrucken. Nachdem Roms neuer starker Mann in Alexandria einmarschiert ist, fällt die ägyptische Königin theatralisch vor ihm auf die Knie. In Tränen aufgelöst zeigt sie ihm ihre reuevoll zerkratzten Brüste und bietet ihm ihren Körper an. Die 39-Jährige ist noch immer eine schöne, begehrenswerte Frau. Doch Octavian will nicht den gleichen Fehler begehen wie vor ihm bereits sein Adoptivvater Julius Cäsar und sein Schwager Marcus Antonius. Cäsar verfiel der schönen Ägypterin, als sie sich in einen wertvollen Teppich eingerollt, ihm zu Füßen legen ließ. Seinen Nachfolger Marcus Antonius empfing sie bei ihrer ersten Begegnung im Gewand der Göttin Isis: Außer einer goldenen Krone, einem Perlencollier und einer Perlenkette, die sich über ihren Brüsten kreuzte, trug sie nichts am Leibe. Auch Marcus Antonius konnte der verführerischen Ägypterin nicht widerstehen. Für ihn und Julius Cäsar endete die Liebesbeziehung allerdings in einer Katastrophe. Cäsar wurde im römischen Senat erdolcht, Marcus Antonius ließ sich in sein eigenes Schwert fallen, als sein Widersacher Octavian in Alexandria einmarschierte. Seit Cäsars Zeiten wird die ägyptische Königin in Rom nur noch Regina Meretrix – »Königin Hure« – genannt. Octavian verspürt wenig Lust, seine gewonnene Macht durch eine Liebelei mit Kleopatra aufs Spiel zu setzen. Standhaft widersteht er den libidinösen Verführungskünsten der erfahrenen Frau. Unmissverständlich gibt er ihr zu verstehen, dass er sie als Gefangene mit nach Rom nehmen und im Triumphzug durch die Straßen führen wird. Langsam beginnt Kleopatra zu verstehen, dass sie ihre zarte Haut nicht mehr auf die gleiche Weise wird retten können wie so viele Male zuvor.

Gedemütigt zieht sie sich am 12. August 30 v. Chr. in den Isis-Tempel ihres Palastes zurück. Octavian lässt römische Wachen an den Toren postieren, damit seine Gefangene nicht entkommen kann. Doch Kleopatra denkt gar nicht an Flucht. Sie nimmt ein ausgiebiges Bad und legt sich anschließend zu Tische. Den gerade erlittenen Verlust ihres Reiches und das bevorstehende Ende in Rom erträgt sie scheinbar ungerührt. Sie lässt sich die typischen Speisen ihrer Hofküche servieren: Gegrillten Fisch, gefüllten Fasan, Zucchini mit Datteln und Pinienkernen und Weintraubentorte.

Der Koch des delikaten Mahls wird später berichten, die entmachtete Königin habe sich nach dem Essen einen Weidekorb voller Feigen an den römischen Wachen vorbei in den Isis-Tempel schmuggeln lassen. Nach dem Genuss einiger Feigen habe sie tiefer in den Korb gegriffen und mit den Worten »Ei da ist sie ja« eine giftige Schlange hervorgeholt. Anschließend habe sie der Schlange ihren entblößten Arm zum Biss hingehalten, um sich durch den ungewöhnlichen Selbstmord der bevorstehenden Demütigung in Rom zu entziehen. Als Octavians Soldaten den Plan durchschauten, sei es zu spät gewesen. Bei der Stürmung des Isis-Tempels habe die schöne Ägypterin bereits tot in ihrem Bett gelegen. Soweit die Schilderung von Kleopatras Hofkoch. Rund einhundert Jahre nach ihrem Tod zweifelt der griechische Geschichtsschreiber Plutarch allerdings am Wahrheitsgehalt der Schlangenlegende. Er glaubt vielmehr, dass sich Kleopatra nach dem Genuss der Feigen mit einem Gift tötete, das sie stets in einer hohlen Haarnadel bei sich trug. Wie auch immer – ihr letztes Mahl wird ihr gemundet haben.

Alexandrinisches Menü
»Regina Meretrix«

Vorspeise:
Gegrillter Fisch

Zutaten: 500 g Meerfische, 4 Pflaumen, 1 Zwiebel, Kümmel, Olivenöl, 1 EL Weißwein, $^1/_2$ EL Portwein, 1 EL Weinessig, Oregano, Liebstöckel, $^1/_2$ TL Honig, Selleriesamen, Salz, Pfeffer

Zubereitung: Die Haut der Fische mehrfach kreuzweise einritzen. Aus Kümmel, Salz, Pfeffer und Olivenöl eine Gewürzmischung herstellen und die Fische damit einreiben.

Für die Sauce Pfeffer, Kümmel, Selleriesamen, die gehackte und gedünstete Zwiebel und die klein geschnittenen Kräuter in einen Topf geben und mit den restlichen Zutaten ca. 10 Minuten kochen. Am Schluss die klein geschnittenen Pflaumen hinzugeben.

Die Fische auf einem Grill garen und mit der Soße servieren.

Hauptspeise:
Gegrillter Fasan

Zutaten: 1 Fasan, 2 Äpfel, 1 Lauchstange, 1 Karotte, 1 Zwiebel, 1 Nelkenkopf, 1 Lorbeerblatt, 200 ml Weißwein, 30 g Walnüsse, 50 g Weißbrot, 100 ml Milch, Olivenöl, Petersilie, Pfeffer, Salz

Zubereitung: Den Fasan mit Salz und Pfeffer einreiben und in Olivenöl anbraten. Das Weißbrot in Milch einweichen, ausdrücken, hacken und mit den Nüssen und den klein geschnittenen Äpfeln mischen. Den Fasan damit füllen und die Öffnung zubinden.

Das Gemüse putzen und zusammen mit der Petersilie, dem Nelkenkopf, der Zwiebel, dem Lorbeerblatt und dem Weißwein in einen Römertopf geben. Den Fasan darauf legen, in den Backofen schieben und bei 200 Grad ca. 60 Minuten garen.

Beilage:
Zucchinigemüse mit Datteln und Pinienkernen

Zutaten: 400 g Zucchini, 50 g Zwiebeln, 6 Datteln, 1 EL Pinienkerne, 1 TL Minze, $^1/_2$ TL Honig, $^1/_2$ EL Weinessig, $^1/_2$ EL Marsala, Olivenöl, Kümmel, Pfeffer, Salz

Zubereitung: Die Zucchini in Streifen schneiden und ca. 5 Minuten bissfest in Salzwasser kochen. Anschließend gut abtropfen lassen und in eine Pfanne geben. Die entsteinten, fein geschnittenen Datteln, die glasig gedünsteten Zwiebeln, gehackte Minze, Pinienkerne und die anderen Zutaten zusammenmischen und zu den Zucchini geben. Kurz aufkochen und mit Pfeffer abschmecken.

Dessert:
Weintraubentorte

Zutaten: 250 g Trauben, 40 g Butter, 50 g Honig, 2 Eier, 70 g Mehl, $^1/_2$ TL Backpulver, Salz, 1 EL Mandelblättchen

Zubereitung: Eigelb und Honig schaumig rühren, die Butter hinzugeben und so lange weiterrühren, bis die Masse Blasen wirft. Das Mehl mit etwas Salz, dem Backpulver und den Mandelblättchen mischen, das Eiweiß zu Schnee schlagen. Abwechselnd das Mehl und den Eiweißschnee unter die Eigelbmasse heben. Eine Backform mit Butter bestreichen, mit Mehl bestäuben und den Teig hinein geben. Die Trauben auf dem Teig verteilen und die Torte bei 180 Grad im vorgeheizten Ofen ca. 40 Minuten backen.
Dazu frische Feigen und eine Giftschlange.

Peter Kürten
1883 – 1931

Als Peter Kürten am 24. Mai 1930 um 15 Uhr vor der Düsseldorfer Rochuskirche verhaftet wird, atmet eine ganze Stadt auf. Monatelang hatte der 47-jährige Eisengießer alle Einwohner in Angst und Schrecken versetzt. Insgesamt neun Morde, 32 Mordversuche und 27 Brandstiftungen gehen auf das Konto des Mannes, der sich selbst gerne mit »Jack the Ripper« vergleicht und während der Verhöre im Düsseldorfer Polizeipräsidium von seinem eigentlichen Plan berichtet, täglich zwei Menschen zu töten. Dafür sei er letztlich aber »zu gutmütig« gewesen, bedauert er im Gespräch mit den Polizisten.

Seine ersten beiden Morde beging Kürten bereits als 9-Jähriger. Beim Spielen am Rhein schubste er zwei Gleichaltrige von einem Floß in den reißenden Strom. Doch seine »Lust« am Töten entdeckte Kürten erst als Heranwachsender. Beim Versuch, ein Schaf zu notzüchtigen, stieß er mehrfach mit einem Taschenmesser auf das Tier ein. Erst der Anblick des hervorsprudelnden Blutes brachte Kürten den gewünschten sexuellen Höhepunkt. Von diesem Zeitpunkt an drehten sich seine erotischen Fantasien ausschließlich um Tod und Blut. Den ersten Mord im Blutrausch beging er im Jahr 1913. Der zehnjährigen Tochter eines Gastwirtsehepaares schnitt er mit seinem Taschenmesser die Kehle durch. Später stach er mit Scheren und Küchenmessern auf seine zumeist weiblichen Opfer ein.

Nach seiner Verhaftung am 24. Mai 1930 gesteht er, bisweilen auch das Blut seiner Opfer getrunken zu haben, um sich die erhoffte sexuelle Befriedigung zu verschaffen. Zudem habe er auch das Blut von Schwänen getrunken, denen er in den Düsseldorfer Rheinauen die Hälse durchgeschnitten hätte. Von der Boulevardpresse wird der Serienmörder daraufhin nur noch der »Vampir von Düsseldorf« genannt. Sorgfältige psychiatrische Untersuchungen ergeben bei Kürten jedoch keinerlei Anzeichen für eine Geisteskrankheit oder verminderte Zurechnungsfähigkeit. Während des Prozesses wirkt der Blut saugende Lustmörder ausgesprochen bieder und überkorrekt. Der Dichter Gottfried Benn wird deshalb später über ihn schreiben: »Von sieben bis neun abends Lustmörder, im übrigen Kegelbruder und Familienvater.«

Am 22. April 1931 verkündet das Düsseldorfer Schwurgericht das Urteil: Tod durch das Fallbeil. Ein von Kürtens Anwalt eingereichtes Gnadengesuch wird wenig später abgelehnt. In den letzten Tagen seines Lebens schreibt Peter Kürten Entschuldigungsbriefe an die Angehörigen seiner Opfer. Am Abend des 1. Juli 1931 wird ihm seine Henkersmahlzeit serviert: Wiener Schnitzel, Bratkartoffeln und eine Flasche Weißwein. Das Essen mundet Kürten ausgezeichnet, so gut sogar, dass er es gleich noch einmal bestellt. Sein Wunsch wird ihm anstandslos erfüllt. Am nächsten Morgen gegen sechs Uhr wird Kürten in seiner Zelle im Gefängnis Köln-Klingelpütz zu seinem letzten Gang abgeholt. Auf dem Weg zur Guillotine äußert er keinen weiteren Wunsch. Lediglich eine Frage an den Gefängnispsychiater liegt ihm noch auf den Lippen. »Ist es möglich, mein eigenes Blut noch hervorsprudeln zu hören, wenn der Kopf schon ab ist?«, will Kürten wissen. »Es wäre am Ende für mich das größte Vergnügen von allen.«

Nur wenig später kennt er die Antwort. In den Morgenstunden des 2. Juli 1931 wird Peter Kürten vom Magdeburger Henker Karl Gröpeler, der bereits den Hannoveraner Serienkiller Fritz Haarmann exekutierte, enthauptet. Der Fall inspiriert den Regisseur Fritz Lang später zu einem Film, der in die internationale Filmgeschichte eingehen wird: »M – eine Stadt sucht einen Mörder«.

Düsseldorfer Vampirschnitzel

Zutaten: (für 2 Personen) 2 Scheiben Kalbsschnitzel, 1 Ei, 100 g Semmelbrösel, Salz, Pfeffer, Muskat, Mehl, Zitrone, 600 g Kartoffeln, 100 g geräucherter Speck, 1 Zwiebel, Butterschmalz

Zubereitung: Die Schnitzel klopfen, salzen, pfeffern und mit etwas Muskat würzen. Das Ei in einen tiefen Teller schlagen und verquirlen. Die Schnitzel zunächst in Mehl wenden, dann durch das verquirlte Ei ziehen, zuletzt in den Semmelbröseln wälzen. Anschließend das panierte Fleisch in reichlich heißem Fett auf jeder Seite ca. 2 Minuten braten. Mit einer aufgeschnittenen Zitrone garnieren.

Zwiebel und Speck in feine Würfel hacken und den Speck in Butterschmalz glasig dünsten. Pellkartoffeln vom Vortag schälen und in dünne Scheiben schneiden. Anschließend die Kartoffelscheiben zu dem Speck in die Pfanne geben. Mit Salz und Pfeffer würzen und auf großer Flamme gut anbraten. Danach die Hitze reduzieren, die Zwiebel hinzugeben und die Kartoffeln unter ständigem Wenden ca. 15–20 Minuten braten, bis sie rundum braun und knusprig sind. Zusammen mit dem Schnitzel servieren.

Dazu eine Flasche Weißwein und »M – eine Stadt sucht einen Mörder«.

Julien Offray de La Mettrie
1709 – 1751

Als der französische Arzt und Philosoph Julien Offray de La Mettrie im Jahr 1748 sein Werk »Der Mensch als Maschine« veröffentlicht, neigt sich seine Zeit in seiner Wahlheimat Holland dem Ende zu. Das Land der Grachten und Windmühlen genießt Mitte des 18. Jahrhunderts den Ruf nahezu grenzenloser Toleranz, verbotene Schriften aus ganz Europa werden hier im Zeichen der Aufklärung gedruckt und veröffentlicht. Doch Juliens Werk ist auch den toleranten Holländern eine Spur zu deftig. Der Arzt spottet über die Kirche und unterstellt seinen medizinischen Standesgenossen unverhohlen Geldgier. Man legt dem unbequemen Philosophen und Nestbeschmutzer deshalb nahe, das Land schleunigst zu verlassen. Da ihm der Weg in seine Heimat aufgrund seiner kirchenfeindlichen Schriften verwehrt ist, bemüht sich Julien um Asyl in Preußen. Friedrich II. gilt in dieser Zeit als aufgeklärter Monarch, der verfolgten Freigeistern und unbequemen Denkern gerne Unterschlupf gewährt. Und auch im Fall des verfemten Franzosen zeigt der Preußenkönig Herz: Friedrich II. lädt Julien nach Potsdam ein, macht ihn zum Mitglied der Akademie der Wissenschaften und ernennt ihn zu seinem Leibarzt und persönlichen Gesellschafter. Frei und ohne Angst vor Zensur soll Julien in Potsdam seinen philosophischen Überlegungen nachgehen können.

Schon bald zeigt sich allerdings, dass Friedrich seinen Großmut schwer büßen muss. Ohne Rücksicht auf die Gefühle seines edlen Beschützers veröffentlicht Julien die Werke »Über das Glück« und

»Die Kunst, Wollust zu empfinden«. Beide Werke geißeln die von Friedrich so geschätzten Freigeister als lebensfremde Trottel. Juliens allumfassender Zynismus erklimmt dabei ungeahnte Höhen. Auch am Hof in Potsdam macht er sich durch seine sarkastischen Bemerkungen mehr Feinde als Freunde. Friedrich II. lässt seinem Schützling deshalb übermitteln, er möge besser keine weiteren Schriften veröffentlichen, da ihm kein weiteres Exilland zur Verfügung stünde, falls er ihn aus Preußen hinauswerfen müsse.

Julien versteht und findet das nächste Schlupfloch: Er veröffentlicht keine eigenen Werke mehr, sondern übersetzt die unverfänglichen Schriften antiker Philosophen. Die Einleitungen bläht er jedoch zu voluminösen Konstrukten seiner ätzenden Zynismen auf.

Über die Finte, mit der er Friedrich II. erneut überlistet hat, berichtet Julien am 11. November 1751 gut gelaunt dem französischen Gesandten in Potsdam, Lord Cyrconell. Besonders wegen einer äußerst delikaten Trüffelpastete zieht es Julien immer wieder in das Haus des französischen Gesandten. Seit seiner Flucht aus Frankreich vermisst der unbequeme Philosoph vor allem die originären Aromen der französischen Küche. Am Abend des 11. November 1751 stopft Julien so viel von der leckeren Trüffelpastete in sich hinein, dass es ihm am Ende gar nicht gut geht. Lord Cyrconell lässt besorgt einen Arzt holen, der Julien nach alter Art eine Ader öffnet. Doch auch das verschafft dem Leidenden keine Linderung. Juliens Körper wird von Magenkrämpfen geschüttelt, er wirft sich in dem Bett, in das man ihn verfrachtet hat, von einer Seite auf die andere. Schließlich tritt sogar ein irischer Priester, der zufällig zu Gast im Hause des französischen Gesandten ist, an das Bett des Kranken heran, um Julien zu überzeugen, nun kurz vor dem Ende doch noch zu Gott zu finden. Julien winkt mit schmerzverzerrtem Gesicht ab. Das hätte ihm gerade noch gefehlt: Sein ganzes Leben lang gegen die Kirche zu wettern und am Ende einzuknicken. Doch als eine neuerliche Kolik schmerzhaft durch sein Gedärm tobt, schreit er hell auf: »Jesus Maria!«

»Ah, ich wusste es«, triumphiert der Ire daraufhin lächelnd. »Am Ende finden sie alle zurück zu Gott...«

»Das war doch nichts weiter als eine Floskel«, stöhnt Julien besorgt darum, in der letzten Stunde seines Lebens von seinem eigenen Zynismus geschlagen zu werden. Wenige Minuten später schließt der 41-Jährige für immer die Augen. Vermutlich stirbt er an einer Lebensmittelvergiftung, die er sich durch den ungezügelten Genuss der Trüffelpastete zuzog.

Trüffelpastete
»Kunst und Wollust«

Zutaten: 100 g schwarze Trüffel, 100 g weiße Trüffel, 4 Sardellenfilets, 8 Scheiben Toastbrot, 6 EL Olivenöl, grüne Oliven, Pfeffer

Zubereitung: Die Trüffel unter laufendem Wasser abbürsten. Anschließend abtrocknen und fein reiben. Die Sardellenfilets abspülen und zusammen mit dem Öl zu einer Paste zerstoßen. Die Trüffelraspel unter die Sardellenpaste mischen und vorsichtig mit Pfeffer abschmecken. Die Toastbrotscheiben rösten und die Pastete darauf verteilen. Danach die Scheiben diagonal schneiden und mit den Oliven garnieren.

John Lennon
1940 – 1980

Bevor es zum Interview geht, gibt John Lennon dem bohrenden Hungergefühl in seinem Magen nach. Am Nachmittag des 8. Dezember 1980 betritt der 40-jährige Ex-Beatle den »Stage Deli«-Imbiss in New York. Restaurantmanagerin Gill Kashkin wird sich später mühelos an die Bestellung des prominenten Musikers erinnern: Ein Corned-Beef-Sandwich und eine Tasse heißen Tee. Auf Kashkin macht Lennon einen zufriedenen, heiteren Eindruck. Gerade erst ist sein Solo-Album »Double Fantasy« erschienen und hat ihm mit der ersten Single-Auskoppelung »Just Like Starting Over« einen Megahit beschert. Lennon schlingt das Sandwich hungrig hinunter und schlürft den heißen Tee. Er kann nicht wissen, dass der unspektakuläre Imbiss die letzte Mahlzeit seines Lebens ist.

Danach kehrt er in sein New Yorker Apartment zurück, um gemeinsam mit seiner Frau Yoko Ono dem Rundfunksender »RKO-Radio« ein halbstündiges Interview zu geben. Gegen 17 Uhr verlassen Lennon und Ono mit den Journalisten des Radiosenders das Apartmenthaus wieder. Lennon und seine Frau wollen ins »Record Plant Studio«, um weiter an ihrem neuen Song »Walking On Thin Ice« zu arbeiten. Vor dem Apartmenthaus, dem sogenannten »Dakota Building«, wartet ein vermeintlicher Fan auf den Ex-Beatle. Lennon kennt den übergewichtigen jungen Mann mit der dicken Brille nicht, der ihm sein »Double Fantasy«-Album zum Signieren hinhält. Er ahnt nicht, dass der 25-jährige, arbeitslose Wachmann mit der festen Absicht von Hawaii nach New York gereist ist, ihn zu töten.

»Würden Sie mir das Album signieren?«, fragt Mark Chapman höflich. Die rechte Hand in seiner Tasche umklammert dabei nervös einen Revolver Kaliber 38.

»Natürlich, kein Problem«, erwidert John Lennon freundlich und erfüllt den Wunsch des unbekannten jungen Mannes. »Ist das alles, was Sie wollen?«

Mark Chapman umklammert den Revolver in seiner Tasche fester. Eigentlich sieht sein Plan vor, die Waffe nun aus der Tasche zu ziehen und auf den Ex-Beatle anzulegen. Doch Lennons Freundlichkeit bringt den Attentäter aus dem Konzept. »Ja, danke ... Das ist alles«, stottert Chapman verunsichert und lässt den Revolver in seiner Tasche. Er hat sich die ganze Sache leichter vorgestellt. Mit der Ermordung von John Lennon wollte der ehemalige Beatles-Fan eigentlich selbst zur Berühmtheit werden und sich seinen Platz in den Geschichtsbüchern sichern. Der gebürtige Texaner leidet bereits seit Jahren unter der Nichtbeachtung durch seine Mitmenschen. Lennons Tod soll ihm endlich die Aufmerksamkeit verschaffen, die ihm seiner Meinung nach gebührt.

Doch nach der Unterschrift auf dem Plattencover steigen Lennon und Yoko Ono in eine gemietete Limousine und rauschen einfach in Richtung Tonstudio davon. Chapman glaubt im ersten Moment, die Chance seines Lebens verpasst zu haben. Er stand dem Ex-Beatle von Angesicht zu Angesicht gegenüber, seine rechte Hand umklammerte den Revolver in seiner Tasche – doch dann vereitelte Lennons unvorhergesehene Freundlichkeit seinen narzisstischen Mordplan. Chapman ist außer sich vor Wut über sein eigenes Versagen. Doch dann kommt ihm der beruhigende Gedanke, dass Lennon irgendwann wieder zu seinem Apartment zurückkehren wird. Der 25-Jährige beschließt zu warten und seine zweite Chance zu nutzen.

Diese zweite Chance ergibt sich gegen 22 Uhr 45. Die Limousine mit John Lennon und Yoko Ono kehrt aus dem Tonstudio zum »Dakota Building« zurück. Entgegen seiner sonstigen Gewohnheit gibt Lennon dem Fahrer die Order, nicht wie sonst in den Innenhof des Gebäudes zu fahren, sondern vor dem Haupteingang zu halten. Yoko Ono steigt zuerst aus. Ohne auf Mark Chapman zu achten, steuert sie zielstrebig auf die gläserne Eingangstür zu. Dann schwingt sich John Lennon aus dem Auto. Unter dem Arm trägt er einen Kassettenrekorder mit den Ergebnissen der Session im Tonstudio. Auch er achtet nicht auf den Autogrammjäger vom Nachmittag, sondern strebt auf direktem Weg der Eingangstür zu. Als er auf gleicher Höhe mit Chapman ist, spricht ihn der junge Mann an.

»Mr. Lennon …?«, fragt Chapman und zieht seinen Revolver aus der Tasche. Ohne Vorwarnung feuert er fünf Schüsse auf den völlig überraschten Ex-Beatle ab. Zwei Kugeln treffen Lennons Lunge, eine sein linkes Schulterblatt, eine weitere seine Halsschlagader. Der fünfte Schuss zischt an Lennon vorbei und zersplittert die gläserne Eingangstür des »Dakota Building«.

»Ich bin getroffen! Ich bin getroffen!«, stöhnt Lennon auf. Er taumelt die vier Stufen zum Eingang des Gebäudes hinauf und bricht blutüberströmt im Foyer zusammen. Der Portier des »Dakota Building« alarmiert sofort einen Rettungswagen und die Polizei. Lennon ist noch bei Bewusstsein, als der Notarzt am Tatort eintrifft. Doch bereits auf dem Weg ins »Roosevelt General Hospital« wird klar, dass der Ex-Beatle das Attentat nicht überleben wird. Um 23 Uhr 07 erliegt John Lennon seinen schweren Schussverletzungen.

Mark Chapman wird noch am Tatort festgenommen. Bis zum Eintreffen der Polizei setzt er sich in den Rinnstein unter eine Straßenlaterne und liest seelenruhig in J. D. Salingers Roman »Der Fänger im Roggen«. Bei seiner Verhaftung leistet er keinen Widerstand.

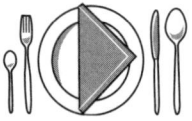

Corned-Beef-Sandwich
»Happiness Is A Warm Gun«

Zutaten: (für 1 Person) 2 Scheiben Vollkornbrot, 2 TL geriebener Meerrettich, 2 Salatblätter, 4 Scheiben Corned Beef, 4 Essiggurken, 8 Zwiebelringe, gehackter Schnittlauch

Zubereitung: Die Brotscheiben auf einem Teller anrichten. Die Salatblätter darauf legen. Anschließend mit dem frischen Meerrettich bestreichen. Die Corned-Beef-Scheiben auf den Salatblättern verteilen. Die Essiggurken in Streifen schneiden und über die Corned-Beef-Scheiben geben. Anschließend mit den Zwiebelringen und dem gehackten Schnittlauch garnieren.

Ludwig II.
1845–1886

Als Ludwig II. am 12. Juni 1886 in Schloss Berg am Starnberger See eintrifft, ist er entsetzt. Seine ehemalige Königsresidenz wurde durch erhebliche bauliche Maßnahmen zu einer Art Privatirrenanstalt umfunktioniert. Die Fenster des Wohn- und Schlaftraktes sind nunmehr mit Gittern versehen, die Türen mit Gucklöchern ausgestattet und die Türklinken an den Innenseiten abmontiert. Aus dem ehemaligen Esszimmer hat man ein Schlafgemach für die neuen Pfleger des bayerischen Königs gemacht. Für Ludwig sind die baulichen Veränderungen das sichtbarste Anzeichen dafür, dass er nun tatsächlich entmündigt ist.

Drei Tage zuvor war eine Abordnung des bayerischen Ministerrates unter der Leitung von Bernhard von Gudden nach Schloss Neuschwanstein gereist und hatte den 40-jährigen König für »unheilbar seelengestört« erklärt. Einen Tag später übernahm Ludwigs Onkel Luitpold in München die Regierungsgeschäfte. Durch den kostspieligen Bauwahn des exzentrischen Königs sahen sich die Minister zu der drastischen Maßnahme genötigt. Der Bau immer neuer Märchenschlösser brachte den bayerischen Staatshaushalt an den Rand des Ruins. Ludwigs Weigerung, sich intensiv mit den Regierungsgeschäften zu befassen, sein bizarrer einsamer Lebenswandel und die erbliche Vorbelastung innerhalb der Familie bestärkten die Minister, den König kurzerhand per Ferndiagnose für verrückt zu erklären. Ludwigs jüngeren Bruder Otto ereilte dasselbe Schicksal bereits mehrere Jahre zuvor. In Schloss Berg bekommt Ludwig nun einen Eindruck davon, was sein Bruder all die

Jahre zu erleiden hatte. Vor allem die ständige Gesellschaft macht dem König zu schaffen. Nie ist er allein. Und wenn es ihm doch einmal gelingt, sich in seine Schlafgemächer zurückzuziehen, stehen ein halbes Dutzend Irrenärzte und Pfleger hinter den klinkenlosen Türen und beobachten ihn durch die frisch gebohrten Gucklöcher. Sogar sein nachmittäglicher Schlaf wird ihm von Dr. von Gudden verboten. Der Psychiater ist der Meinung, dass Ludwig, der es gewohnt ist, nachts aufzustehen und tagsüber zu schlafen, sich mehr am Lebensrhythmus eines normalen Menschen orientieren soll. In der Nacht steht Ludwig trotzdem auf. Doch die Ärzte haben vorsorglich seine Kleidung aus dem Zimmer entfernt. Nur mit Nachthemd und Socken bekleidet, geht Ludwig in seinem Zimmer auf und ab. Er sehnt sich nach der Einsamkeit zurück, die er als die natürlichste Form des Seins betrachtet. Die Unmöglichkeit, seine homoerotischen Bedürfnisse öffentlich auszuleben, hat ihm klar gemacht, dass er sein Leben in einer einsamen Fantasiewelt verbringen muss. Doch die selbst gewählte Isolation ist in Schloss Berg der aufgezwungenen Gesellschaft mehrerer Nervenärzte und Pfleger gewichen.

Bereits am nächsten Tag, dem 13. Juni 1886, wird der gefangene König von Bernhard von Gudden und seinen Kollegen wieder mit Fragen und Therapievorschriften gequält. Gegen Mittag unternimmt Ludwig einen einstündigen Spaziergang mit dem Psychiater rund um das Schloss. Zur Sicherheit folgt den Beiden ein Pfleger im Abstand von gut hundert Metern. Der abgesetzte König will in Erfahrung bringen, wie weit seine Bewacher gehen würden, ob sie ihm vielleicht gar nach dem Leben trachten. In seiner aussichtslosen Lage hält er nichts mehr für unmöglich. Doch von Gudden überhört die Ängste des Königs geflissentlich. Beim folgenden Mittagessen berichtet er seinen Kollegen, Ludwig habe sich in seine neue Lage »wunderbar eingefunden«. Er sei gar »wie ein Kind«. Am Abend werde er wieder mit dem König spazieren gehen, doch dieses Mal ohne den überflüssigen Schutz eines Pflegers.

Ludwig speist währenddessen allein in seinem vergitterten Schlafgemach. Mehrfach erkundigt er sich bei dem Dienst habenden Pfleger Bruno Mauder ängstlich, ob das Essen auch wirklich nicht vergiftet sei. Doch seine Bedenken sind unbegründet. In der Küche von Schloss Berg steht der langjährige Leibkoch des Königs, Theodor Hierneis. Ihm kann Ludwig vertrauen. In den letzten Monaten verwöhnte Hierneis den königlichen Gaumen vorzugsweise mit Hechtenkraut und zartem Rehschnitzel. Bissfestere Nahrung zu zerkleinern, ist Ludwigs marodem Gebiss kaum mehr möglich. Bis auf vier Zähne sind dem 40-Jährigen inzwischen alle anderen herausgefallen.

Auch am 13. Juni 1886 legt sich Theodor Hierneis schwitzend ins Zeug, um dem gefangenen Monarchen seine Lieblingsspeisen auf den Teller zu zaubern. Serviert wird ihm das Menü gegen 16 Uhr 30 mit stumpfen Obstbesteck. Bernhard von Gudden und seine Kollegen wollen sicher gehen, dass Ludwig das geschliffene Silberbesteck nicht zweckentfremdet. Zu seiner letzten Mahlzeit trinkt der König einen Krug Bier, zwei Gläser Maiwein, drei Gläser Rheinwein und zwei Schnapsbecher Arrak. Schließlich schlürft er noch eine Tasse Kaffee und beauftragt seinen Pfleger Bruno Mauder leicht angetrunken, Bernhard von Gudden zu benachrichtigen, dass er nun bereit für den abendlichen Spaziergang sei.

Es ist 18 Uhr 45, als sich der König und der Psychiater bei einsetzendem Regen auf den Weg machen. Wie von Gudden es bereits angekündigt hat, folgt ihnen dieses Mal kein Pfleger auf ihrem Gang zum Seeufer hinunter.

Als die beiden Spaziergänger um 20 Uhr noch immer nicht zurück im Schloss sind, veranlasst von Guddens Kollege Dr. Müller beunruhigt eine Durchsuchung des Parks. Am Seeufer werden kurz darauf die Hüte und Regenschirme der beiden Vermissten gefunden. Die Leichen von Ludwig II. und Bernhard von Gudden entdeckt man wenig später im seichten Uferwasser des Starnberger Sees. Beide Männer sind ertrunken. Während der König keine äußeren Verletzungen aufweist, ist von Guddens Gesicht an Stirn und Nase mehrfach zerkratzt. Über dem rechten Auge befindet sich zudem ein großer blauer Fleck, und der Nagel am Mittelfinger seiner rechten Hand ist zur Hälfte abgerissen. Ludwigs Taschenuhr ist nach Eindringen des Wassers ins Gehäuse um 18 Uhr 54 stehen geblieben.

Noch in der Nacht wird der Tod des bayerischen Märchenkönigs offiziell zum Unglücksfall erklärt.

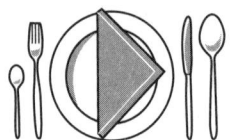

Bayerischer Märchenkönigschmaus

Hechtenkraut

Zutaten: 1 Hecht, 500 g Sauerkraut, 1 Zwiebel, 125 g Krebsfleisch, ¹/8 Liter Weißwein, Zitronensaft, Zucker, Semmelbrösel, Butter

Zubereitung: Den Hecht herauslösen, von allen Gräten befreien und in kleine Stücke reißen. Die Zwiebel klein schneiden und zusammen mit dem Sauerkraut, Weißwein, etwas Zucker und einem Spritzer Zitronensaft in einen Topf geben und auf mittlerer Flamme dämpfen, bis das Kraut weich ist. Anschließend ein Drittel des Sauerkrautes auf dem Boden einer Ofenform verteilen. Die Hälfte des Hechtfleisches darauf geben und mit einem weiteren Drittel des Krautes bedecken. Danach das restliche Hechtfleisch mit dem Krebsfleisch mischen und auf der zweiten Lage Kraut verteilen. Das restliche Sauerkraut darüber ausbreiten und mit Semmelbröseln und Butterflöckchen belegen. Das Ganze im vorgeheizten Ofen bei 200 Grad backen, bis sich die Oberfläche bräunlich färbt.

Rehschnitzel mit Steinpilzen

Zutaten: 4 Rehschnitzel, 600 g Steinpilze, $^1/8$ Liter Weißwein, 1 Karotte, 1 Stück Knollensellerie, 5 EL Olivenöl, Pfeffer, Salz, Mehl

Zubereitung: Die Rehschnitzel flach klopfen, salzen und pfeffern. Olivenöl in einer großen Pfanne erhitzen und die Schnitzel auf beiden Seiten goldgelb braten. Danach herausnehmen und warm stellen.

Die Möhre und den Sellerie fein reiben und die Steinpilze in Scheiben schneiden. Anschließend in das heiße Bratfett der Rehschnitzel geben und zwei bis drei Minuten dünsten. Das Ganze mit etwas Mehl bestäuben, den Weißwein hinzugeben und einkochen lassen. Die Schnitzel auf Teller geben und mit den Steinpilzen bedecken.

Dazu Bier, Rheinwein, Maiwein, Arrak und eine Tasse Kaffee.

Marie Antoinette
1755 – 1793

In den Abendstunden des 15. Oktober 1793 sitzt Marie Antoinette in ihrer kärglichen Gefängniszelle des Pariser Kerkers Conciergerie und schreibt bei schummrigem Kerzenlicht ihre letzten Zeilen. »Dir liebe Schwester, schreibe ich zum letzten Mal«, beginnt die 37-jährige Tochter von Österreichs Kaiserin Maria Theresia den Abschiedsbrief an ihre Schwägerin Elisabeth. »Ich bin soeben verurteilt worden, nicht zu einem schimpflichen Tod, denn schimpflich ist er nur für Verbrecher ... Ich hatte Freunde, und der Gedanke, dass ich für immer von ihnen getrennt werde, ist der größte Kummer, den ich sterbend mit mir nehme ... Ich küsse meine geliebten Kinder, mein Gott es zerreißt mir das Herz, sie für immer zu verlassen. Adieu.«

Wenige Stunden zuvor wurde die Gattin des entthronten französischen Königs Ludwig XVI. vom französischen Revolutionstribunal zum Tod verurteilt. In der Urteilsverkündung beschuldigte man sie des Hochverrats und der Unzucht. Der ultrarevolutionäre Chefankläger Jacques-René Hébert warf der 37-Jährigen unter anderem vor, Inzucht mit ihrem Sohn, dem 8-jährigen Dauphin Louis-Charles, getrieben zu haben. In endlosen Verhören war der verstörte Junge zu einer Falschaussage hinsichtlich des sexuellen Missbrauchs durch seine Mutter gezwungen worden. Bereits vor dem Prozess war auf den Straßen von Paris verbreitet worden, die Gattin Ludwigs XVI. sei eine »lüsterne Wölfin«.

Am Abend des 15. Oktober 1793 weiß Marie Antoinette, dass sie nie die Chance auf einen fairen Prozess gehabt hat. Beweise für die ihr unterstellte Konspiration mit den Feinden Frankreichs fehlen. L'Autrichienne – »die Österreicherin« – wird sie von vielen Franzosen noch immer genannt, obwohl sie bereits mehr als zwanzig Jahre in Paris lebt. Am Ende wird Marie Antoinette auch zum Opfer ihres undiplomatischen Verhaltens früherer Jahre. Bereits in vorrevolutionärer Zeit wurde ihre Verschwendungssucht gegeißelt, mit der sie den französischen Staatshaushalt an den Rand des Ruins brachte. Die Vorbehalte gegenüber der österreichischen Prinzessin waren so stark, dass bewusst Gerüchte in Umlauf gebracht wurden, um ihrem angeschlagenen Ruf noch mehr zu schaden. Unter anderem wurde ihr als Antwort auf die Vorhaltung, die Armen könnten sich in Paris kein Brot mehr leisten, das zynische Bonmot in den Mund gelegt: »Dann sollen sie Kuchen essen!« In Wahrheit hat Marie Antoinette das nie gesagt. Das Zitat entstammte einer fiktiven Schrift des Philosophen Jean-Jacques Rousseau, die lange bevor Marie Antoinette mit ihrem Gatten Ludwig XVI. den französischen Königsthron bestieg enstanden war.

Für eine Korrektur aller Gerüchte und falscher Anschuldigungen ist es nun jedoch zu spät. Das Todesurteil ist gefällt, die Witwe des bereits hingerichteten Königs hat sich in ihr Schicksal gefügt. In den Morgenstunden des 16. Oktober 1793 wird Marie Antoinette in ein weißes Büßergewand gekleidet. Doch im Gegensatz zu ihrem Gatten, der sich ein üppiges Essen als Henkersmahlzeit auftafeln ließ, gelüstet es die ehemalige Königin angesichts des bevorstehenden Todes wenig nach herrschaftlichen Speisen. Lediglich eine Tasse Schokolade und ein süßes Mignonette-Brot wünscht sie vor dem Verlust ihres Lebens noch zu sich zu nehmen. Der Wunsch wird ihr unverzüglich erfüllt. Von einem nahe gelegenen Café wird die Trinkschokolade und die Mignonette in die Conciergerie gebracht. Schweigsam verspeist Marie Antoinette ihre karge Henkersmahlzeit. Anschließend wird sie auf einem einfachen Holzkarren zum Revolutionsplatz, dem späteren Place de la Concorde, gebracht.

Um 12 Uhr mittags besteigt sie das Schafott und wird mit der Guillotine enthauptet. Ihre Leiche wird in einem Massengrab in der Nähe der Kirche »La Madeleine« verscharrt. Erst über zwanzig Jahre später exhumiert man ihren Leichnam und bestattet Marie Antoinette ein zweites Mal in der Basilika »Saint Denis« an der Seite ihres Gatten.

Mignonette Royale

Zutaten: 1 Ei, 80 g Butter, 750 g Mehl, 60 g Zucker, 250 g Rosinen, 1 TL Hefe, 1 Eigelb, 1 EL Sahne, 1 TL Vanille-Extrakt, 1 TL Mandel-Extrakt, Salz

Zubereitung: Das Mehl mit Hefe und etwas Salz vermischen. Die Butter, 125 ml Wasser, das Ei, den Zucker und die Vanille- und Mandelaromen dazu geben und zu einem geschmeidigen Teig kneten. Anschließend die Rosinen mit Mehl bestäuben und in den Teig einarbeiten. Den Teig abdecken und ca. 1 Stunde an einem warmen Ort gehen lassen. Danach leicht durchkneten, zu einem runden Laib formen, auf ein bemehltes Backblech geben und die Oberfläche gitterartig einschneiden.

Wieder abdecken und nochmals ca. 45 Minuten gehen lassen. Das Eigelb mit der Sahne verrühren und die Oberfläche des Gittermusters damit einstreichen. Anschließend den Teig bei 180 Grad im vorgeheizten Ofen ca. 40–45 Minuten backen.

Dazu eine Tasse heiße Schokolade.

Joe Masseria
1879 – 1931

Anfang 1931 gibt es nicht mehr viele Menschen, denen Joe Masseria vertrauen kann. Seit der gebürtige Sizilianer einen blutigen Untergrundkrieg gegen seinen Mafia-Rivalen Salvatore Maranzano führt, ist kein Süditaliener mehr sicher in New York. Die Vorgehensweise von Joe »The Boss«, wie Masseria sich gerne nennen lässt, ist dabei ebenso einfach wie skrupellos: Jeder Italiener aus Maranzanos sizilianischer Heimatstadt Castellammare del Golfo, der sich in den Straßen von New York herumtreibt, wird von Masserias Gefolgsleuten ohne Ansehen der Person liquidiert. Die Brutalität, mit der Joe »The Boss« seine Macht zu erhalten versucht und sein diktatorischer, an römische Imperatoren angelehnter Führungsstil bescheren ihm jedoch zunehmend auch Feinde in den eigenen Reihen. Auf dem Höhepunkt des sogenannten Mafiakrieges von Castellammare hat der 52-jährige Untergrundboss nur noch einen einzigen Getreuen, dem er blind vertraut. Dieser Mann heißt Charles »Lucky« Luciano, ist 35 Jahre alt und stammt aus einem kleinen Dorf nahe der sizilianischen Stadt Corleone.

Am 15. April 1931, einem ungewöhnlich warmen Frühlingstag, wird Joe »The Boss« Masseria von Luciano in seinem Büro in Manhattan abgeholt. Die beiden Männer fahren gut gelaunt über die Brooklyn Bridge in Richtung Coney Island. Es gibt Wichtiges zu besprechen. Für Masseria, einen ausgewiesenen Freund lukullischer Genüsse, kommt dafür nur ein original sizilianisches Restaurant infrage. Vor der »Nuova Villa Tammaro«, einer kleinen Spaghetteria seines Freundes Gerardo Scarpato, parkt Lucky Luciano den Wagen. Es ist genau 12 Uhr 30, als die beiden elegant gekleideten Männer das Lokal betreten und an einem freien Tisch Platz nehmen. Während Lucky Luciano bedächtig isst, schaufelt der New Yorker Unterweltboss Masseria schon bald riesige Portionen Antipasti, Shrimps, Calamari, Linguine in Marinarasauce, Spaghetti alla Milanese und Hummer »Fra Diavolo« in sich hinein. Das reichhaltige Menü spült er mit einer Flasche Chianti hinunter. Zum Dessert verdrückt er sizilianisches Gebäck und trinkt eine Tasse Espresso. Ganze drei Stunden lang verwöhnt der 52-Jährige seinen Gaumen mit den edelsten Leckereien aus seiner sizilianischen Heimat. Er kann nicht ahnen, dass es die letzten drei Stunden seines Lebens sind. Joe »The Boss« Masseria ist vollkommen arglos. Es entgeht sogar seiner Aufmerksamkeit, dass sich das Lokal in der Zwischenzeit geleert hat. Nur er und sein Adlatus Lucky Luciano sitzen noch einsam an einem Tisch und spielen Karten. Selbst als Luciano sich entschuldigend in die Herren-Toilette der »Nuova Villa Tammaro« zurückzieht, ahnt Masseria nicht, dass er gerade mit seinem Verräter gespeist hat.

Es ist 15 Uhr 30, als vier Freunde Lucianos die Spaghetteria betreten. Vito Genovese, Joe Adonis, Albert Anastasia und Benjamin »Bugsy« Siegel eröffnen sofort das Feuer. Von zwanzig Schüssen, die auf Masseria abgefeuert werden, finden sechs ihr Ziel. Joe »The Boss« kippt leblos vornüber auf den Tisch. Sein Gesicht verschwindet in einer tiefroten Blutlache. Joe Masseria ist sofort tot. Als die New Yorker Polizei wenig später am Tatort eintrifft, befindet sich neben dem Toten nur noch Lucky Luciano im Lokal. Von dem Mord an seinem Boss will er nichts mitbekommen haben. »Ich war pinkeln«, sagt er gegenüber den Polizisten lächelnd aus. Und: »Ich muss immer verdammt lange pinkeln.«

Nach der Liquidierung Masserias übernimmt Luciano dessen Geschäfte, während Salvatore Maranzano zum »Capo di Tutti Capi« (Boss der Bosse) der ehrenwerten Gesellschaft aufsteigt. Als Lucky Luciano in Erfahrung bringt, dass auch er von Maranzanos

Gefolgsleuten getötet werden soll, kommt er ihm zuvor und lässt den Boss der Bosse am 10. September 1931 in seinem Büro an der Park Avenue liquidieren. Der Krieg von Castellammare ist mit Maranzanos Tod vorläufig zu Ende. Der neue Boss Lucky Luciano gründet das »National Crime Syndicate« und verteilt die Macht an verschiedene Mafia-Familien. Wenige Tage später wird der einzige Augenzeuge der Ermordung von Lucianos altem Boss Joe Masseria, Restaurantbesitzer Gerardo Scarpato, tot im Kofferraum eines eigenen Autos gefunden. Er ist das letzte Opfer des blutigen Mafiakrieges von Castellammare, der unzähligen Büchern und Filmen in den nächsten Jahrzehnten als Vorlage dient.

Sizilianisches Menü
»Capo di Tutti Capi«

Vorspeise:
Antipasti

Zutaten: 300 g Auberginen, 150 g Zucchini, 3 Paprika, 2 Knoblauchzehen, 10 schwarze Oliven, 20 g Pinienkerne, 2 TL Kapern, Olivenöl, Balsamico-Essig, Basilikum, Salz, Pfeffer

Zubereitung: Auberginen und Zucchini waschen und in Streifen schneiden. Anschließend auf ein großes Brett legen und mit etwas Salz bestreuen. Paprika waschen, Kerngehäuse entfernen und in mundgerechte Stücke schneiden. In einer Pfanne Olivenöl erhitzen und das Gemüse bissfest garen. Die Knoblauchzehen schälen, in Scheiben schneiden und zu dem Gemüse hinzufügen. Pfeffer darüber geben und mit Balsamico-Essig ablöschen. Das Gemüse mit dem Bratenfond in eine Schüssel füllen und schwarze Oliven, Kapern und frisches Basilikum hinzufügen. Die Schüssel abdecken und über Nacht in den Kühlschrank stellen. Kurz vor dem Servieren Pinienkerne in einer Pfanne ohne Öl rösten und über die Antipasti streuen.

Dazu Shrimps und Calamari.

Erster Zwischengang: Linguine in Marinarasauce

Zutaten: 250 g Linguine, Sardellen (aus der Dose), 4 Scheiben Schinkenspeck, 1 Zwiebel, 2 Lorbeerblätter, 125 g Champignons, 60 g Parmesan, 500 g Tomaten, Olivenöl, Pfeffer, Salz

Zubereitung: Linguine in Salzwasser bissfest kochen.

Die Flüssigkeit aus der Sardellendose mit etwas Öl in einem Topf erhitzen. Zwiebel, Champignons und Tomaten in kleine Würfel schneiden. Die Würfel in dem Sardellensud weich schmoren. Anschließend die gekochten Linguine mit den Lorbeerblättern dazu geben. Mit wenig Salz und Pfeffer abschmecken. Auf kleiner Flamme ca. 10–15 Minuten köcheln lassen. Kurz vor dem Ende der Kochzeit die Sardellen hinzufügen.

Den Schinkenspeck in dünne Streifen schneiden und knusprig braten. Die Lorbeerblätter aus dem Linguine-Gemüse-Topf herausnehmen. Die Linguine mit dem Gemüse auf einer Platte anrichten, mit den gebratenen Schinkenspeckstreifen garnieren und Parmesan darüber streuen.

Zweiter Zwischengang:
Spaghetti alla Milanese

Zutaten: 250 g Spaghetti, 120 g gekochter Schinken, 50 g Butter, 150 g Sahne, 1 Knoblauchzehe, Olivenöl, 60 g Parmesan, Salz, Pfeffer

Zubereitung: Spaghetti in Salzwasser mit einem Schuss Olivenöl bissfest kochen.

Den Schinken in kleine Würfel schneiden. Die Knoblauchzehe schälen und klein hacken. Anschließend die Schinkenwürfel in der Butter leicht Farbe nehmen lassen, den Knoblauch hinzufügen und glasig dünsten. Mit der Sahne aufgießen und kurz aufkochen. Dann die Sahne-Schinken-Sauce mit Salz abschmecken. Die Spaghetti abgießen und in eine Schüssel geben. Mit der Sahne-Schinken-Sauce übergießen, reichlich Pfeffer und Parmesan darüber geben.

Hauptgericht:
Hummer Fra Diavolo

Zutaten: 1 Hummer, 1 Zwiebel, 1 Knoblauchzehe, 750 g Tomaten, Olivenöl, Weißwein, Petersilie, Oregano, Chilipulver, Salz, Pfeffer

Zubereitung: Magen und Darm des Hummers entfernen. Die Leber und den schwarzen Rogen des Hummers herausnehmen und beiseite legen. Mit einem Messer die Hummerscheren abschneiden und die flache Unterseite jeder Schere mit der Messerklinge spalten. Die kleinen Scheren und Fühler entfernen. Anschließend in einer großen Pfanne Olivenöl erhitzen. Den Hummerleib und die großen Scheren hineingeben und auf großer Flamme ca. 3–4 Minuten braten, dabei zweimal wenden.

Den Hummer herausnehmen und das Fett bis auf eine dünne Bodenschicht aus der Pfanne gießen. Zwiebel und Knoblauch klein hacken und in der Pfanne glasig dünsten. Mit etwas Weißwein ablöschen und auf kleiner Flamme einkochen lassen. Anschließend die Tomaten würfeln, die Petersilie klein hacken und zu dem Weißwein-Sud hinzugeben. Chilipulver, Salz und Oregano dazufügen und unter ständigem Umrühren köcheln lassen.

Den Hummer in die Pfanne mit dem Weißwein-Gemüse legen und bei mittlerer Flamme ca. 3–4 Minuten zu Ende garen. Kurz vor dem Anrichten die Hummerleber und den Rogen durch ein feines Sieb streichen und unter die Sauce rühren. Den Hummer in eine tiefe Schüssel legen, die Sauce mit Pfeffer und Salz abschmecken und darüber geben.

Dazu eine Flasche Chianti.

Dessert:
Sizilianisches Hefegebäck

Zutaten: 300 g Weizenmehl, 100 g Zucker, ½ Würfel Hefe, 65 g Pinienkerne, 100 g Sultaninen, Olivenöl

Zubereitung: Das Weizenmehl in eine Schüssel geben und eine Mulde hineindrücken. Die Hefe zerbröseln und mit etwas Zucker hineinlegen. Mit lauwarmem Wasser zu einem Teig verkneten. Den Teig ca. 15 Minuten gehen lassen. Anschließend den restlichen Zucker, die Pinienkerne, die Sultaninen und einen Schuss Olivenöl hinzugeben und weiter kneten, bis der Teig geschmeidig ist. Bei Bedarf noch etwas lauwarmes Wasser hinzufügen.

Den Teig zudecken und ca. 1 Stunde gehen lassen. Anschließend kleine Kugeln aus dem Teig formen und auf ein bemehltes Backblech setzen. Die Kugeln bei 175 Grad ca. 15–20 Minuten im Ofen backen. Danach herausnehmen und mit Puderzucker bestreuen.

Dazu Espresso.

Menelik II.
1844–1913

Im November 1889 erhalten Englands Queen Victoria, Kaiser Wilhelm II. und der französische Präsident Marie François Carnot Post aus dem fernen Äthiopien. Menelik II. möchte seinen europäischen Amtskollegen mitteilen, dass er am 2. November 1889 in der Marienkirche Entotto nahe Addis Abeba den Thron Salomons bestiegen hat und somit neuer Kaiser von Äthiopien ist. In der Krönungszeremonie berief sich Menelik auf seine Abstammung, die ihn als direkten Nachfahren der Königin von Saba und des Königs Salomo ausweist.

Die biblische Herkunft macht bei seinen europäischen Brüdern und Schwestern allerdings wenig Eindruck. Lediglich die Italiener werden hellhörig, da sie um ihren kolonialen Einfluss in Nordafrika fürchten. Ihren Plan, sich das Kaiserreich Äthiopien als neue Kolonie einzuverleiben, bekräftigt General Oreste Baratieri mit den herzhaften Worten, er werde Menelik II. in einem Käfig nach Rom bringen. Daraus wird allerdings nichts. Denn den folgenden Krieg gegen Italien gewinnt der äthiopische Kaiser überraschend in der Schlacht bei Adua am 1. März 1896. Nun wird sogar Papst Leo XIII. auf den siegreichen Potentaten aus Afrika aufmerksam. Er bittet Menelik II. eindringlich um milde Behandlung der italienischen Kriegsgefangenen. Menelik verspricht es, schließlich verpflichten ihn seine biblischen Wurzeln zu christlicher Nächstenliebe.

Gestärkt durch den triumphalen Sieg über Italien bittet Menelik die Europäer um Hilfe bei der großen Aufgabe, sein Land aus dem Mittelalter in die Moderne zu führen. Vor allem Deutsche und Franzosen helfen ihm dabei gerne. Mit ihrer Unterstützung werden ein eigenes äthiopisches Telefon- und Telegrafennetz eingerichtet, eine Eisenbahnlinie gebaut, Briefmarken mit Meneliks Konterfei gedruckt und eine Nationalbank gegründet. Als persönlichstes Zeichen seines Modernisierungswillens lässt Menelik Anfang des 20. Jahrhunderts das erste Automobil nach Addis Abeba importieren, mit dem er mutig über die staubigen Straßen der Hauptstadt holpert. Zur gleichen Zeit mehren sich allerdings bereits die ersten Anzeichen für den körperlichen und geistigen Untergang des reformwilligen Kaisers. Mehrere Schlaganfälle zwingen Menelik immer wieder ins Krankenbett und führen zu einer halbseitigen Lähmung seines Körpers. Obwohl Menelik die komplette äthiopische Ärzteschaft zur Weiterbildung nach Europa geschickt hat, vertraut er selbst auf ganz andere Heilkräfte: Immer wenn ihn ein neuer Schub seiner Krankheit ereilt, greift er zur Bibel. Doch das alleinige Studium reicht ihm nicht. Sobald er einige Verse gelesen hat, reißt er die entsprechenden Stellen aus dem Buch und verspeist sie, um sich die Kraft der Worte ganz einzuverleiben.

Am 12. Dezember 1913 fühlt sich Menelik II. besonders unwohl. Nach seinem letzten Schlaganfall hat seine Frau Taytu die Staatsgeschäfte übernommen. Auf dem Krankenlager seines Palastes in Addis Abeba greift Menelik wieder zum Alten Testament. Mit zittriger Hand schlägt er das »Buch der Könige« auf und liest über seine Vorfahren, die rund dreitausend Jahre zuvor die äthiopische Herrscherdynastie begründeten. Anschließend reißt er die kraftspendenden Seiten heraus, stopft sie sich in den Mund und kaut bedächtig darauf herum. Doch seine literarische Speisung kommt zu spät: Noch bevor er die eingespeichelten Bibelseiten herunterschlucken kann, versagt das Herz des 69-Jährigen.

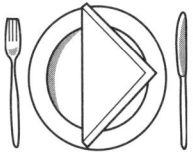

Lesefutter à la Menelik II.

Zutaten: Die Bibel

Zubereitung: Das »Buch der Könige« aufschlagen und lesen. Anschießend die entsprechenden Seiten herausreißen und in den Mund stecken. Langsam einspeicheln und runterschlucken.

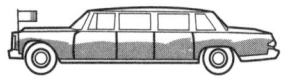

François Mitterrand
1916 – 1996

Etwas Gespenstisches liegt am Silvesterabend 1995 über dem großzügigen Landhaus von François Mitterrand im Süden von Frankreich. Schwere Limousinen parken unter hoch gewachsenen Pinien vor der Haustür. Die dreißig engsten Freunde des ehemaligen Staatspräsidenten Frankreichs haben sich an diesem Abend bei Mitterrand eingefunden. Sie wollen nicht nur das alte Jahr verabschieden, sondern vor allem ihrem langjährigen Freund Adieu sagen. Natürlich ist Mitterrands Frau Danielle anwesend, ebenso der ehemalige Kulturminister Jack Lang und der Chef der Sozialistischen Partei Frankreichs, Henri Emmanuelli. Alle wissen um den gesundheitlichen Zustand ihres alten Wegbegleiters: François Mitterrand hat nur noch wenige Tage zu leben. Der Krebs in seinem Körper zerfrisst ihn unaufhaltsam. Die Ärzte haben dem Politiker längst mitgeteilt, dass sie nichts mehr für ihn tun können. In seinem Landhaus nahe des kleinen Ortes Latché im Südwesten Frankreichs will sich der todkranke Ex-Präsident mit einem festlichen Silvesterdiner von seinen engsten Freunden verabschieden. Kurz zuvor hatte er in einem seiner letzten Interviews selbstbewusst erklärt: »Ich bin der letzte große Präsident. Nach mir wird es nur noch Banker und Buchhalter geben.« Nun hat er den Ehrgeiz, auch abzutreten wie ein großer Präsident.

Doch Mitterrand ist an diesem Abend bereits so geschwächt, dass er zunächst nicht mit am Esstisch Platz nehmen kann. Im spärlich beleuchteten Speisezimmer seines Landhauses döst er ein wenig abseits auf einer Chaiselongue, schlürft hin und wieder eine

Auster oder knabbert appetitlos etwas Weißbrot mit Gänseleberpastete. Erst als die Hauptspeise seines Abschiedsmenüs serviert wird, kehrt mit einem Mal auch das Leben in den dahinsiechenden Staatsmann zurück. Allein für den delikaten Geruch, der urplötzlich durch das Speisezimmer zieht, lohnt es sich, mit dem Sterben noch eine Weile zu warten. Sozialisten-Chef Henri Emmanuelli hat Wort gehalten und Mitterrands letzten Speisewunsch erfüllt: Zwölf Ortolane. Die kleinen Singvögel gelten unter Gourmets als absolute Delikatesse. Gleichwohl ist die Jagd und der Verzehr in der Europäischen Gemeinschaft seit dem Jahr 1979 verboten. Die Ammerart steht unter Naturschutz. Nur in Frankreich hält sich daran niemand. Hier taucht der kleine Vogel nicht einmal auf der nationalen Liste für bedrohte Tiere auf. Zu groß war stets der Appetit des großen Staatsmannes Mitterrand auf das zarte Fleisch des grau-grünen Vogels. Seit Jahrhunderten stehen Ortolane auf der Speisekarte der Mächtigen, Reichen und Berühmten. Kaiser und Könige haben sie verspeist, König Ludwig XIV. schob sie sich genauso selbstverständlich in den Mund wie Papst Leo X. und Zar Alexander III. Bevor sie jedoch in den Mündern gekrönter Häupter landeten, wurden die begehrten Vögel gemästet. Daran hat sich bis ins Jahr 1995 nichts geändert. Über Wochen müssen die lebend gefangenen Tiere rund um die Uhr fressen, bis sie das Zwei- bis Dreifache ihres ursprünglichen Körpergewichts von rund 20 Gramm erreicht haben. Erst dann erlöst man sie. Mit den Köpfen voran ertränkt der Mäster sie langsam in Armagnac, damit sie kurz vor ihrem Tod noch einige Tropfen des Weinbrandes mit ihren Schnäbeln aufsaugen. Ihr Fleisch soll dadurch noch zarter und delikater werden. Für Gourmets aus aller Welt ist der Geschmack von Ortolanen mit keinem anderen Geschmack vergleichbar, die Aromen sind absolut einzigartig.

In Mitterrands Landhaus nahe der spanischen Grenze werden die kleinen Vögel am Silvesterabend auf traditionelle Weise zubereitet. Es genügt eine glühend heiße Pfanne, in der die gerupften

Vögel rund vier Minuten gebraten werden. Bereits nach kurzer Zeit platzt die Haut der Vögel auf. Blut und Körperfett treten aus den toten Körpern aus und mischen sich zu einer dunklen Sauce. Heiße Dampfwolken steigen noch immer von den gerösteten Vögeln auf, als sie in Mitterrands Speisezimmer serviert werden. Der todkranke Ex-Präsident ist in diesem Moment wieder hellwach, seine Augen leuchten, als die Tiere aufgetischt werden. Mühsam erhebt er sich von der Chaiselongue und nimmt inmitten seiner Abschiedsgesellschaft platz. Der bizarre Leichenschmaus kann beginnen. Nach alter Tradition werden die Vögel komplett mit Kopf, Knochen, Innereien und Füßen verzehrt. Und sie müssen in einem Stück gegessen werden, nur so verteilen sich alle Geschmacksnuancen perfekt im Mund und bescheren den ersehnten kulinarischen Hochgenuss. Der todkranke Ex-Präsident beherrscht das Ritual. Er schiebt sich seinen Vogel als erster in den Mund. Anschließend senkt er sein Gesicht über den Teller und legt sich eine große Stoffserviette über den Kopf. Die Serviette dient dazu, alle flüchtigen Aromen unter Verschluss zu halten. Kein einziger Duft des gebratenen Vogels soll verloren gehen. Außerdem muss der Ortolan wegen seiner enormen Hitze im Mund wie ein Bonbon hin- und herjongliert werden. Aus Höflichkeit gegenüber den Tischnachbarn soll die Serviette diesen unschönen Anblick verhindern.

Nachdem Mitterrand den Anfang gemacht hat, tauchen auch seine engsten Freunde wie nach einem geheimen Kommando unter ihre Servietten. Mit verdeckten Köpfen gibt sich die Silvestergesellschaft minutenlang dem stillen kulinarischen Genuss hin. Als am Ende des seltsamen Schauspiels noch ein Vogel übrig ist, taucht François Mitterrand ein zweites Mal unter seine Serviette. Der zweite Ortolan ist das Letzte, was der 79-Jährige in seinem Leben verspeist. Acht Tage später erliegt Mitterrand seinem Krebsleiden, ohne zuvor noch etwas anderes zu sich genommen zu haben.

Vier Jahre nach seinem Tod erlässt die französische Regierung ein Gesetz, dass die Jagd und den Verzehr von Ortolanen unter harte Strafe stellt. Der kleine Singvogel wird in die nationale Schutzliste der vom aussterbenden bedrohten Tiere Frankreichs aufgenommen. Dennoch ist der Appetit auf Ortolane unter den Mächtigen, Reichen und Berühmten weiter ungebremst. Mit guten Beziehungen lässt sich in den Hinterzimmern französischer Edelrestaurants noch immer unter Stoffservietten abtauchen und François Mitterrands letztes Gericht genießen.

Menü
»Le Dernier Président«

Vorspeise:
Gänseleberpastete

Zutaten: 2 große Gänselebern, $^1/_2$ kg mageres Schweinefleisch, $^1/_2$ kg Schweinefett, 300 g Trüffel, 200 g Sahne, 4 cl Cognac, Salz, Pfeffer, Thymian

Zubereitung: Die Gänselebern putzen und 12 Stunden in Milch und Cognac einlegen. Anschließend herausnehmen und in Stücke schneiden. Die Trüffel säubern, in Stifte schneiden und in die Gänseleberstücke stecken. Dann mit Salz und Pfeffer bestreuen.

Thymian klein hacken, das Schweinefleisch und das Fett durch einen Fleischwolf drehen. Danach das Fleisch, den Thymian und das Schweinfett mit der Sahne zu einer Farce vermengen, mit Salz und Pfeffer würzen und durch ein Sieb drücken. Die feine Farce abwechselnd mit den Gänseleberstücken in einen Pastetentopf geben und andrücken. Die Pastete ca. 45 Minuten im vorgeheizten Ofen bei 150 Grad backen.

Dazu frisches Weißbrot und eine Handvoll Austern.

Hauptgang:
Ortolane

Zutaten: 4 Ortolane, Salz, Pfeffer

Zubereitung: Die Ortolane in einer heißen Pfanne ca. 2 Minuten auf jeder Seite braten. Anschließend sparsam salzen und pfeffern. Auf einem Teller mit dem ausgetretenen Blut und Körperfett servieren. Dazu eine große Stoffserviette reichen.

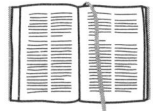

Molière
1622 – 1673

Den ganzen Winter über hat Jean-Baptiste Molière bereits unter körperlichen Problemen gelitten. Doch im Februar 1673 nehmen die stechenden Schmerzen in der Brust des Autors und Schauspielers dramatisch zu. Seine junge Frau Armande Béjart bittet den 51-jährigen Workaholic deshalb eindringlich, mehr auf seine Gesundheit zu achten und beruflich kürzer zu treten. Doch Molière will und kann ihrer Bitte nicht nachkommen. Am 10. Februar 1673 hatte sein neues Stück »Der eingebildete Kranke« mit ihm selbst in der Hauptrolle Premiere im Pariser »Palais Royal«. Seither sind alle Aufführungen ausverkauft. »Ich kann keine Aufführung ausfallen lassen«, sagt er hustend zu Armande. »Fünfzig Arbeiter, die nichts als ihren Tageslohn besitzen, sind zur Stelle; was sollen sie tun, wenn ich nicht spiele?«

Armande kennt ihren starrköpfigen Mann gut genug. Sie weiß, dass es wenig Sinn macht, weiter gegen seine Kraft raubende Schauspielerdisziplin anzugehen und lässt es.

Am Abend des 17. Februar 1673 steht Molière deshalb wieder auf der Bühne des »Palais Royal« und gibt den eingebildeten Kranken. Doch bei dieser Aufführung erhält das Publikum den Eindruck, dass es der beliebte Schauspieler mit seiner Kunst ein wenig zu gut meint. Molière wird von krampfartigen Hustenanfällen durchgeschüttelt, seine Atemnot zwingt ihn dazu, sich in einen großen Lehnsessel fallen zu lassen. Das Publikum johlt und feixt vor Begeisterung. Es weiß nicht, dass der eingebildete Kranke in Wahrheit ein wirklich Kranker ist. In der Schlussszene erleidet Molière einen neuerlichen Hustenanfall und spukt Blut. Für das Publikum ist die Illusion perfekt. Doch Molière gelingt es nur mit größter Mühe und eiserner Disziplin, das Stück zu Ende zu spielen. Danach bricht er hinter der Bühne zusammen.

Man bringt den Schwerkranken eilig in sein Haus in der Rue de Richelieu. Armande lässt sofort einen Doktor holen, während ein Diener den berühmten Autor entkleidet und ins Bett verfrachtet. Armande versucht ihrem Mann anschließend eine stärkende Rinderbrühe einzuflößen, doch bereits nach dem ersten Löffel wendet sich Molière hustend ab.

Vor dem Haus haben sich inzwischen Menschen mit Kerzen versammelt, die von dem bedrohlichen Gesundheitszustand des beliebten Schauspielers erfahren haben. Noch bevor der gerufene Doktor Molières Krankenbett erreicht, erleidet der 51-Jährige den nächsten heftigen Hustenanfall. Dabei platzen ihm mehrere Blutgefäße in der Lunge. An dem Blut, das augenblicklich aus seinem Mund und seiner Nase quillt, erstickt Jean-Baptiste Molière, ohne dass ihm noch zu helfen wäre.

Da ihm kein Priester die Sterbesakramente verabreichte und er keine Möglichkeit hatte, seinem liederlichen Schauspielerberuf am Ende abzuschwören, verweigert man ihm später eine kirchliche Bestattung. Erst auf Veranlassung seines alten Gönners Ludwig XIV. darf Molière, der als Jean-Baptiste Poquelin geboren wurde, schließlich doch noch auf dem geweihten Gottesacker beerdigt werden – allerdings nachts und ohne großen Pomp.

Rinderbrühe
»Le Malade Imaginaire«

Zutaten: 1 kg Suppenfleisch (Rind), 1 Bund Suppengemüse (Sellerie, Möhre, Lauch), 1 Zwiebel, Lorbeerblatt, Majoran, Wacholderbeeren, Olivenöl, Salz, Pfeffer

Zubereitung: Zwiebel schälen und klein schneiden. In einem großen Topf Olivenöl heiß werden lassen und die Zwiebel glasig dünsten. Zwei Liter Wasser hinzugeben. Das Suppengemüse waschen, grob schneiden und mit dem Suppengemüse in den Topf geben. Erhitzen und auf kleiner Flamme ca. eine Stunde köcheln lassen. Den Schaum, der sich auf der Oberfläche bildet hin und wieder mit einer Kelle abschöpfen. Zum Schluss die Wacholderbeeren und das Lorbeerblatt hinzugeben und mit Salz und Pfeffer abschmecken. Nach weiteren 30 Minuten Kochzeit, das Suppenfleisch herausnehmen und die Brühe durch ein feines Sieb passieren.

Marilyn Monroe
1926 – 1962

Den 4. August 1962 verbringt Marilyn Monroe zumeist im Bett ihres Hauses in Brentwood, Los Angeles. Seit mehreren Jahren leidet die Hollywood-Diva bereits unter schweren Depressionen. Ein wenig Ablenkung von den düsteren Gedanken, die sie gefangen halten, bereitet ihr am Nachmittag die Lektüre des Buches »Captain Newman«. Das schmale Bändchen beinhaltet einen fiktiven Bericht von Marilyns Psychoanalytiker Dr. Ralph Greenson über dessen Erfahrungen im Zweiten Weltkrieg. Greenson ist einer der wenigen Menschen, die Marilyn im Sommer 1962 noch an sich heran lässt. Wie bereits zuvor ihre so unterschiedlichen Ehemänner Joe DiMaggio und Arthur Miller muss der Psychoanalytiker dem fragilen Star immer wieder versichern, dass sie eine gut aussehende, begehrenswerte Frau ist. Greenson weiß, dass Marilyn unter starken Minderwertigkeitskomplexen leidet. Ihr Hang zu starken, meist älteren Männern, von denen sie Schutz und Zuwendung erhofft, ist unübersehbar. Doch mit Greensons professioneller Hilfe will sie endlich ihren eigenen Weg durchs Leben finden. Der Psychoanalytiker soll sie dabei unterstützen, ihr öffentliches Image vom naiven Dummchen loszuwerden und den beruflichen Wechsel ins ernste Charakterfach zu schaffen. Insgeheim träumt Marilyn von einer zukünftigen Karriere als Shakespeare-Tragödin. Doch am Nachmittag des 4. August 1962 ist diese Karriere von Marilyn so weit entfernt wie der Mond von der Erde. Marilyn zweifelt mal wieder an ihren schauspielerischen Fähigkeiten und fühlt sich von allen Menschen, die ihr etwas bedeuten, verlassen. Zu diesen Menschen gehören vor allem die Brüder Robert und John F. Kennedy, denen in den Klatschspalten ein Verhältnis mit der Fleisch gewordenen Sexbombe nachgesagt wird. Am Vormittag hat Marilyn ihr Kommen zu einer abendlichen Dinner-Party beim Schwager der Kennedys, Peter Lawford, abgesagt. Dafür greift sie gegen 16 Uhr 30 zum Telefonhörer und zitiert ihren Seelendoktor Ralph Greenson zu sich nach Brentwood.

Greenson gehorcht, doch er kann nicht lange bleiben, weil er mit seiner Frau bei Freunden eingeladen ist. Marilyns aufgewühlter, emotional verwirrter Zustand bleibt ihm an diesem Nachmittag nicht verborgen. Er verabreicht der Schauspielerin ein Beruhigungsmittel und bittet ihre Haushälterin Eunice Murray, zur Sicherheit die Nacht in Marilyns Haus zu verbringen. Als er wenig später das Haus verlässt, glaubt er alles in seiner Macht stehende für seine prominente Patientin getan zu haben.

Kurz darauf klingelt in einem kleinen mexikanischen Restaurant von Brentwood das Telefon. Am anderen Ende der Leitung meldet sich eine schläfrige Frauenstimme. Sie bestellt gefüllte Champignons, gewürzte Hackfleischbällchen und Guacamole. Alles soll an die Adresse von Marilyn Monroe geliefert werden. Doch als der Kurierfahrer das Menü ausliefern will, bleibt die Tür der Hollywood-Diva auch nach mehrfachem Klingeln geschlossen. Der Fahrer stellt das Essenspaket auf die Treppenstufe des Hauses und kehrt wieder um.

Wenig später ist die Dinner-Party bei Peter Lawford bereits in vollem Gange. Der Schauspielerkollege will sich mit Marilyns vormittäglicher Absage nicht abfinden. Er greift zum Telefon und ruft bei ihr in Brentwood an. Als sie abhebt, fragt er, ob sie es sich nicht doch noch einmal überlegt habe und herkommen wolle. Doch Marilyn lehnt müde ab. Ihre Stimme klingt schwer und stockend. Peter Lawford glaubt, dass sie wieder ein wenig zuviel ihres Lieblingschampagners der Marke »Dom Perignon« getrunken hat. Erst als sie den Anruf mit den Worten beendet »Sag Pat auf Wiedersehen. Sag Jack auf Wiedersehen. Und ich sage dir auf Wiedersehen, weil du so ein netter Kerl bist«, ahnt Lawford, dass Marilyns Körper nicht allein mit »Dom Perignon« vollgepumpt ist. Nachdem sie aufgelegt hat, versucht er hektisch, erneut bei ihr anzurufen. Doch Marilyn nimmt den Hörer nicht mehr ab. Panisch wählt Lawford daraufhin die Nummer ihres Anwaltes Milton »Mickey« Rudin und schildert ihm die Situation. Rudin verspricht, sich um die Sache zu kümmern. Gegen 21 Uhr 30 ruft er bei Marilyn an. Auf dem zweiten Apparat des Hauses meldet sich ihre Haushälterin Eunice Murray. Sie beruhigt Rudin. Es sei alles in bester Ordnung, berichtet sie dem Anwalt, Marilyn sei in ihrem Zimmer und ruhe sich aus. In Wahrheit ist Marilyn Monroe zu diesem Zeitpunkt bereits tot oder sie ringt mit dem Tod.

Erst gegen 3 Uhr morgens macht sich die Haushälterin auf, um nach Marilyn zu sehen. Als auf ihr Klopfen an der verschlossenen Schlafzimmertür keine Reaktion erfolgt, wirft sich Eunice einen Bademantel über und geht in den Garten. Sie greift durch das geöffnete Schlafzimmerfenster und schiebt die zugezogenen Vorhänge beiseite. Marilyn Monroe liegt nackt auf ihrem Bett. Ihr Kopf hängt leicht seitlich herunter, ein Arm ist ausgestreckt, ihre Hand ruht auf dem Telefon. Bei der Obduktion ihrer Leiche wird später eine Überdosis Schlaf- und Beruhigungsmittel als Todesursache festgestellt. Eines der Beruhigungsmittel wurde ihr vermutlich mittels eines Klistiers verabreicht. Ob es ein Unfall war, ob Selbstmord oder ob andere Personen an ihrem Tod beteiligt waren, wird sich vermutlich nie klären lassen.

Mexikanischer Imbiss
»Some Like It Hot«

Hackfleischbällchen

Zutaten: 1 kg gemischtes Hackfleisch, 1 Knoblauchzehe, 1 Zwiebel, 2 EL Semmelbrösel, 3 EL Quark, 2 EL Senf, Salz, Pfeffer, Öl

Zubereitung: Die Zwiebel und den Knoblauch fein hacken und in heißem Öl glasig dünsten. Das Hackfleisch mit dem Quark und den Semmelbröseln vermischen. Salz, Pfeffer, Senf und die gedünstete Zwiebel-Knoblauch-Masse dazu geben. Anschließend kleine Bällchen formen. Die Bällchen in heißem Öl auf großer Flamme anbraten. Danach auf mittlerer Flamme unter mehrmaligem Wenden ca. 6 Minuten zu Ende schmoren.

Gefüllte Champignons

Zutaten: 500 g große Champignons, 1 Zwiebel, 1 Knoblauchzehe, 40 g Butter, 100 g Gouda, 80 g Crème fraiche, Salz, Pfeffer, Chilipulver, Petersilie, 1 Eigelb

Zubereitung: Die Petersilie waschen und klein hacken. Die Zwiebel und die Knoblauchzehe schälen und gleichfalls klein hacken. Danach die Champignons waschen und putzen. Die Stiele abtrennen und klein hacken. Danach die Zwiebel, den Knoblauch, die Petersilie und die gehackten Pilzstiele in etwas Butter andünsten.

Den Gouda fein reiben. Drei Esslöffel des geriebenen Käses zusammen mit dem Eigelb und der Crème fraiche unter die abgekühlte Pilz-Zwiebel-Masse rühren. Das Ganze mit Salz und Pfeffer würzen. Die Champignon-Köpfe mit der Masse füllen, auf ein eingefettetes Blech geben und mit dem restlichen Käse bestreuen. Im vorgeheizten Ofen bei 200 Grad ca. 10–15 Minuten überbacken.

Guacamole

Zutaten: 200 g Avocados, 1 Tomate, $1/2$ TL Zitronensaft, 1 Knoblauchzehe, Pfeffer, Salz, Cayennepfeffer

Zubereitung: Die Avocados mit einem scharfen Messer aufschneiden und von den Kernen befreien. Anschließend das Fruchtfleisch in eine Schüssel geben und mit Zitronensaft beträufeln. Die Avocados mit einer Gabel zerdrücken und das Fruchtfleisch mit Pfeffer, Salz, Cayennepfeffer und einer ausgedrückten Knoblauchzehe würzen. Danach eine Tomate vierteln und die Kerne entfernen. Das Tomatenfruchtfleisch in kleine Würfel schneiden und unter die Avocadomasse mischen.

Die fertige Guacamole zusammen mit den Hackbällchen und den gefüllten Champignons servieren.

Dazu eine Flasche »Dom Perignon«.

Rudolph Moshammer
1940–2005

Zu Beginn des neuen Jahres hat Rudolph Moshammer wenig Grund zur Freude. Die Geschäfte laufen schlecht. Statt für finanzkräftige Kundschaft aus dem internationalen Jetset bimmelt die Ladenglocke seiner exklusiven Boutique in der Münchner Maximilianstraße nur noch, wenn japanische oder sächsische Touristen den Laden betreten, die sich mit dem schrillen Modemacher ablichten lassen wollen. Die Umsätze seines Unternehmens sind in letzter Zeit dramatisch gesunken. Zwar zählten Moshammers Kreationen nie zur Haute Couture, doch in besseren Zeiten gaben sich internationale Stars aus Showbusiness und Gesellschaft wie Arnold Schwarzenegger, José Carreras, Karl Flick und Carl Gustav von Schweden bei ihm die Klinke in die Hand. Inzwischen feiert Moshammer nur noch sich und seine Erfolge vergangener Tage. Er tritt als bizarre Reinkarnation des bayerischen Operettenkönigs Ludwig II. in Talkshows auf, drängt sich auf die Titelseiten der Boulevardpresse und gefällt sich in der Rolle des kleinen Münchner Jungen, der es bis ganz nach oben geschafft hat. Sein eigentliches Geschäft, den Verkauf von Mode, hat er darüber ein wenig aus den Augen verloren. Trotzdem ist er bester Laune, als er am 13. Januar 2005 kurz nach 17 Uhr seine ehemalige Klassenkameradin und langjährige Freundin Angie Opel anruft, um sich mit ihr zum Abendessen zu verabreden. Moshammer hat Neues zu berichten: Als Promigast in einer TV-Reality-Show soll der Modemacher eine aus drei jungen Männern bestehende Wohngemeinschaft besuchen. Falls es dem Modemacher dabei gelingt, innerhalb von zweieinhalb Minuten einen Apfel so zu schälen, dass sich die Schale anschließend in einem einzigen Stück herunterkringelt, dürfen sich die drei jungen Männer vom Fernsehsender etwas wünschen. Für derlei wohltätige Späße ist »Mosi«, wie er von der Klatschpresse liebevoll genannt wird, immer zu haben. Seit die gut dotierte Einladung in die TV-Wohngemeinschaft steht, übt er täglich. Stets steht eine Schale frischer Äpfel auf dem Kaminsims seines Hauses in der Grünwalder Robert-Koch-Straße. Als er seine Jugendfreundin Angie Opel um 18 Uhr 15 mit seinem dunklen Rolls Royce in der Münchner Vorstadt abholt, sind auf der Fahrt zum Grünwalder Restaurant »Villa Romana del Casale« auch Moshammers Fortschritte im Apfelschälen Gesprächsthema. Das italienische Lokal am Marktplatz 2 gehört zu den bevorzugten Restaurants des beleibten Modemachers. Zu Ehren seines prominenten Stammgastes hat der Wirt extra eine Pizza »Rodolpho« in seine Menükarte aufgenommen. Doch Mosi gelüstet es an diesem Abend nicht nach profaner Pizza aus dem Holzkohleofen. Er bestellt Rigatoni all' Arrabiata, Steinbutt, Rotwein und Mineralwasser. Gemeinsam mit Jugendfreundin Angie Opel schwelgt er in Erinnerungen an vergangene, bessere Zeiten.

Als das Essen beendet ist, bringt Rudolph Moshammer die langjährige Vertraute nach Hause. Er verabschiedet sich von ihr mit einem Wangenkuss und dem Versprechen, den winterlichen Abend mit Mickymausfilmen und Streicheleinheiten für seinen Hund Daisy ausklingen zu lassen. Doch statt brav zum eigenen Heim zu fahren, lenkt Mosi seinen Rolls-Royce durch die dunkle Nacht Richtung Münchner Innenstadt. Wie immer, wenn ihm die Kuscheleinheiten mit Yorkshire-Dame Daisy nicht genügen, ist der 64-jährige Modemacher auf der Suche nach verschwiegenen jungen Männern, die ihm für entsprechendes Kleingeld sexuelle Erleichterung verschaffen. Mehrfach durchquert Moshammer an diesem Abend mit seiner Luxuslimousine das Münchner Bahnhofsviertel. Durch das heruntergelassene Fenster spricht er junge Männer an, die ihm gefallen und einem lukrativen Nebenjob nicht abgeneigt zu sein scheinen. »Wo gehst du hin diese Nacht?«, lautet sein Standardspruch zur Kontaktanbahnung. Um keine Missverständnisse aufkommen zu lassen, winkt er dabei stets mit der Hülle eines Pornofilms.

Herisch Ali Abdullah erkennt, dass es sich dabei um einen heterosexuellen Porno handelt, als der dunkle Wagen Moshammers gegen 23 Uhr neben ihm hält. Dennoch ist ihm sofort klar, was der geschminkte ältere Mann mit der pechschwarzen Perücke von ihm will. »Wohin kann ich dich bringen? Du kannst Geld haben, viel Geld, wenn du mit mir kommst«, sagt Moshammer lächelnd. Herisch kann Geld gut gebrauchen. Nur wenige Stunden zuvor hat der 25-jährige Aushilfskoch rund 900 Euro verzockt, die ihm gar nicht gehörten. Herisch steigt deshalb zu Moshammer in den Rolls-Royce und fährt mit ihm in die Grünwalder Robert-Koch-Straße 11.

Im goldgelb gestrichenen Kaminzimmer seines Hauses legt Mosi ohne zu zögern den Porno in einen DVD-Player ein. Anschließend fordert er von seinem jungen Gast: »Das alles mach so.« Yorkshire-Dame Daisy wurde zuvor vorsorglich ins Schlafzimmer umquartiert, damit sie keinen seelischen Schaden erleidet. Doch Herisch Ali Abdullah will plötzlich nicht mehr. Zwar lässt er sich von dem schrillen Modeschöpfer oral befriedigen, doch als Moshammer ihn auffordert, selbst aktiv zu werden, weigert sich der Aushilfskoch beharrlich. Nicht einmal die Pobacken seines Gastgebers, der inzwischen die Hose heruntergelassen hat, will er massieren. Verärgert legt Moshammer schließlich selbst Hand an sich. Als er fertig ist, zieht er seine Hose wieder hoch. Anschließend habe »der dicke Mann« gelacht, wird Herisch später gegenüber der Polizei aussagen. Gelacht habe er, ihn beleidigt, geschubst, geohrfeigt und gedroht: »Raus jetzt! Geh! Sonst rufe ich die Polizei!« Da habe er es mit der Angst zu tun bekommen, ein Verlängerungskabel gegriffen, es Moshammer um den Hals gelegt und zugezogen.

Am nächsten Morgen, um kurz vor neun Uhr, wird die Leiche des getöteten Modemachers von seinem Chauffeur Andreas Kaplan gefunden. Als der schrille Paradiesvogel am 25. Januar 2005 auf dem Münchner Ostfriedhof in einem Mausoleum neben seiner Mutter beigesetzt wird, säumen Tausende sein Grab. Nach Moshammers Vorbild Ludwig II. und dem ehemaligen Ministerpräsidenten Franz Josef Strauß ist es das drittgrößte Begräbnis, das der Freistaat Bayern je gesehen hat.

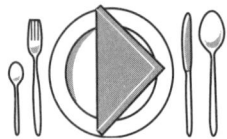

Rigatoni alla Rodolpho

Zutaten: (für 2 Personen) 400 g Rigatoni, 1 Zwiebel, 2 Knoblauchzehen, 1 rote Paprikaschote, 1 Möhre, 2 große Tomaten, Olivenöl, Chilipulver, Basilikum, Thymian, Salz, Pfeffer, Parmesan

Zubereitung: Zwiebel und Knoblauchzehen schälen und würfeln. Paprika und Möhre waschen und in feine Streifen schneiden. Olivenöl in einer Pfanne erhitzen und das Gemüse mit Zwiebeln, Knoblauch und Chilipulver kurz dünsten. Anschließend die Tomaten häuten, in Würfel schneiden und mit in die Pfanne geben. Die Tomaten-Gemüse-Soße bei ca. 15 Minuten auf kleiner Flamme garen lassen. Die Rigatoni in reichlich Salzwasser bissfest kochen. Basilikumblätter und Thymian klein schneiden, in die Tomaten-Gemüse-Soße geben und unterrühren. Zum Schluss die Soße mit Salz und Pfeffer abschmecken. Die Rigatoni abtropfen lassen, auf Teller verteilen und die Tomaten-Gemüse-Soße darüber geben. Anschließend mit geriebenem Parmesankäse bestreuen.

Steinbutt »Mosi«

Zutaten: (für 2 Personen) 2 Steinbuttfilets, 30 g Zwiebeln, 100 g Kartoffeln, 100 g Champignons, 4 rote Kirschtomaten, 4 weiße Kirschtomaten, 2 Knoblauchzehen, 40 g Butter, 100 ml Fischsud, 1 EL geschlagene Sahne, Zitronensaft, Salz, Pfeffer, Olivenöl, Rosmarin, Basilikum, Mehl

Zubereitung: Steinbuttfilets mit Zitronensaft beträufeln, salzen und pfeffern, in Mehl wenden und in einer Pfanne mit Butter von beiden Seiten anbraten.

Zwiebeln und Knoblauchzehen schälen, in kleine Würfel schneiden und in einer Pfanne glasig dünsten. Kartoffeln würfeln und mit den geviertelten Champignons in die Pfanne geben. Rosmarin klein schneiden und ebenfalls dazugeben. Anschließend die Gemüse-Kräutermischung in die Pfanne zu den Steinbuttfilets füllen und bei 210 Grad im Ofen ca. 6 Minuten garen. Die Kirschtomaten halbieren und nach 5 Minuten dazugeben.

Den Fischsud in einem kleinen Topf aufkochen, Butter hinzufügen und am Ende die Schlagsahne unterziehen. Nach dem Garen die Steinbuttfilets und das Gemüse mit Olivenöl beträufeln, Basilikum zugeben und mit der Soße servieren.

Dazu Rotwein und Mineralwasser.

Rosemarie Nitribitt
1933 – 1957

Die Frühstücksbrötchen hängen bereits seit drei Tagen an der Türklinke von Rosemarie Nitribitts Wohnung in der Frankfurter Stiftstraße 36. Doch die Nachbarn in dem 50er-Jahre-Neubau übersehen geflissentlich, dass hinter der verschlossenen Wohnungstür etwas geschehen sein könnte. Man ist diskret und verschwiegen in der Stiftstraße 36 – gerade was die blonde Mieterin aus der 3. Etage angeht.

Die Frühstücksbrötchen sind hart und ungenießbar, als Rosemarie Nitribitts Putzfrau am 1. November 1957 die Tür aufschließt und die Wohnung betritt. Zuerst fällt ihr die enorme Hitze auf. Die Fußbodenheizung läuft auf vollen Touren und hat die Wohnung auf über 30 Grad erwärmt. Fenster und Gardinen sind geschlossen. Dann findet die Putzfrau das 24-jährige Callgirl in ihrem Wohnzimmer. Nitribitts rechtes Bein liegt auf einer Cordcouch, das linke darunter. Ihr Oberkörper ist auf den Orientteppich gerutscht. Am Hinterkopf von Nitribitt klafft eine große Platzwunde, ihr Hals ist von Würgemalen übersät.

Als Kriminalhauptkommissar Helmut Konrad gegen 17 Uhr 45 am Tatort eintrifft, weiß er sofort, dass es sich nicht um einen x-beliebigen Mord im Milieu handelt. Rosemarie Nitribitt ist nicht irgendein Callgirl, sondern eine weit über Frankfurts Stadtgrenzen hinaus bekannte Edelprostituierte. Nitribitt hatte es nicht nötig, am Bordstein zu stehen, um Freier abzugreifen. Die 24-Jährige fuhr mit ihrem sündhaft teuren Mercedes 190 SL Cabrio durch die nächtliche Stadt und gab finanzkräftigen Freiern per Lichthupe die Erlaubnis, in ihren Wagen zu steigen. Der schwarze Mercedes mit den roten Ledersitzen, das Symbol für das bundesdeutsche Wirtschaftswunder schlechthin, und ihr sagenhaftes Einkommen von 100.000 DM pro Jahr, lassen nach Nitribitts Tod den Verdacht aufkommen, sie habe ihr Geld möglicherweise nicht nur durch Prostitution allein verdient. Vor allem die Öffentlichkeit ist fasziniert von dem Gedanken, dass Nitribitt auch die eine oder andere Mark für Spionagedienste erhalten haben könnte. Schließlich soll zu ihren Kunden die Elite aus Politik, Gesellschaft und Wirtschaft gehört haben. Doch Beweise für irgendeine Art von Spionagetätigkeit der jungen Frau werden nie gefunden. Und auch um Beweise für die Existenz ihrer hochrangigen Freier ist es nicht gut bestellt. Zwar taucht in Nitribitts Notizbuch der Name Harald von Bohlen und Halbach auf, doch der millionenschwere Spross der Krupp-Familie hat die Dienste der Frankfurter Edelkurtisane erwiesenermaßen nie in Anspruch genommen. Ihn faszinierte allein das schillernde Milieu der käuflichen Liebe. Doch die Gerüchte um Rosemarie Nitribitt schießen nach ihrem gewaltsamen Tod erst richtig ins Kraut. Als der Regisseur Rolf Thiele im Jahr darauf den Film »Das Mädchen Rosemarie« ins Kino bringt und Rosemarie Nitribitt zur »Pretty Woman« des deutschen Wirtschaftswunders verklärt, ist die 24-jährige Tochter einer Putzfrau bereits eine Legende. Ihr Mörder wird jedoch nie gefunden.

Wenige Wochen nach der Tat nimmt die Frankfurter Polizei zwar einen Bekannten Nitribitts, den 36-jährigen Heinz Pohlmann, fest. Der stets klamme Handelsvertreter konnte nach dem Tod des berühmten Callgirls plötzlich Schulden in fünfstelliger Höhe zurückzahlen. Gleichzeitig ist aus Rosemarie Nitribitts Wohnung eine Summe Geld in fünfstelliger Höhe verschwunden. Die Polizei glaubt deshalb, in Heinz Pohlmann den Mörder gefunden zu haben. Doch im Prozess scheitert die Anklage bereits an dem Versuch, die letzten Stunden der Prostituierten zu rekonstruieren. Die Obduktion ihres Leichnams ergibt, dass Nitribitt zuletzt ihre Lieblingsspeise zu sich nahm: Einen Teller Milchreis. Doch der genaue Todeszeitpunkt ist durch ein Versäumnis der Polizisten am Tatort nicht mehr exakt zu bestimmen. Heinz Pohlmann wird deshalb im Juli 1960 aus Mangel an Beweisen freigesprochen.

Milchreis
»Kurtisanes Liebstes«

Zutaten: 125 g Milchreis, 500 ml Milch, 60 g Butter, 60 g Zucker, 1 TL Zimt, 1 TL Zitronenschale, $^1/_2$ Vanilleschote, Salz

Zubereitung: Die Milch in einen Topf geben. Zehn Gramm Butter, die halbe Vanilleschote, etwas Salz, ungeschnittene Zitronenschale, 30 g Zucker hinzugeben und zum Kochen bringen. Den Reis in die kochende Milch schütten und kurz aufkochen. Dabei mehrmals umrühren. Die Temperatur auf die niedrigste Stufe stellen, den Deckel auf den Topf legen und den Milchreis ca. 40–45 Minuten quellen lassen. Anschließend die Vanilleschote und die Zitronenschale wieder herausholen.

In einem anderen Topf ca. 50 g Butter auslassen und leicht anbräunen. Den Milchreis auf Teller verteilen, mit der Butter übergießen und mit dem restlichen Zucker und Zimt bestreuen.

Ötzi
um 3340 v. Chr.

Um 3340 v. Chr. stapft ein ca. 45-jähriger Mann das Hauslabjoch in den Ötztaler Alpen hinauf. Er macht einen gehetzten Eindruck, immer wieder dreht er sich nervös um. Gegen die Kälte trägt der Mann eine Jacke aus Ziegenfell. Seine Beine hat er durch eine Art Fell-Leggins geschützt, die an einem kalbsledernen Hüftgürtel befestigt sind. Auf dem Kopf trägt er eine Bärenfellmütze. In seinen Hirschledersandalen dient eine Dämmschicht aus Gras zur Polsterung und Wärmeisolierung. Trotz aller Fell- und Lederschichten ist die Kleidung des Mannes für die Temperaturen, wie sie am Hauslabjoch herrschen, jedoch wenig geeignet. Unter die Felljacke zieht unbarmherzig der eiskalte Gletscherwind. Der Mann zittert. Die Kälte ist nicht gut für seine Arthritis, unter der er seit Jahren leidet. Zudem gerät er bei seinem eiligen Aufstieg schnell in Atemnot. Die vielen Stunden, die der 45-Jährige im Laufe seines Lebens an knisternden Lagerfeuern in feuchten Höhlen zugebracht hat, haben seine Lungen pechschwarz gefärbt. Zudem muss der rund 1,60 Meter große Mann seinen Aufstieg zum Joch immer wieder unterbrechen, um seinen knielangen Lendenschurz kurz anzuheben: In seinem Darm haben es sich Peitschenwürmer gemütlich gemacht, die für einen formidablen Dünnpfiff sorgen. Doch der Mann hat weder Zeit noch Muße, sich intensiv mit diesem Problem zu beschäftigen. Seit er weiter unten im Tal mit seinem Bogen einen Rothirsch erlegt hat, ist er auf der Flucht. Andere Jäger sind hinter ihm her, um ihm seine Beute abzunehmen. Der Mann weiß, dass mit seinen Artgenossen nicht zu spaßen ist. Er darf sich keinen Fehler und keine langen Ruhepausen erlauben. Etwas Hirschfleisch, grob zerstoßene Getreidekörner und frische Waldbeeren sind alles, was er während seiner Flucht zu sich genommen hat. Der Rückzug ins ewige Eis erschien ihm die einzige Chance, seine Verfolger loszuwerden. Doch er hat nicht mit ihrer Hartnäckigkeit gerechnet. Die Häscher bleiben auf seiner Spur, um an das begehrte Hirschfleisch zu kommen, das er in einer Trage auf seinem Rücken transportiert. Vielleicht kam es zwischen ihnen und dem Flüchtenden bereits einmal zum Kampf. An der Kupferaxt und dem Dolch des Mannes klebt zumindest menschliches Blut. Möglicherweise hat diese erste verlorene Auseinandersetzung die Verfolger zusätzlich in Rage versetzt und sie darin bestärkt, dem Jäger seine Beute abzunehmen. Obwohl auch ihnen die klirrende Kälte auf einer Höhe von fast 3000 Metern zu schaffen machen muss, geben sie nicht auf, sondern hetzen ihr Opfer weiter den Gletscher hinauf.

Auf Höhe des Tisenjochs erscheint ihnen die Gelegenheit günstig, den Mann zu stellen. Sie spannen ihre Bögen, deren Wirkungskraft noch in 50 Metern Entfernung tödlich ist. Mehrere Pfeile schwirren durch die kalte Luft. Einer trifft die Schulter des Fliehenden. Die steinerne Spitze durchschlägt mit ungeheurer Kraft das Schulterblatt, zerfetzt eine Hauptschlagader und kommt erst kurz vor der Lunge zum Stehen. Ötzi, wie die mumifizierte Leiche des Mannes rund 5000 Jahre später genannt werden wird, hat keinen langen Todeskampf zu erleiden. Er bricht zusammen und verblutet innerhalb weniger Minuten.

Steinzeit-Menü
»Frozen Fritz«

Vorspeise:
Zerstoßenes Getreidekörner-Mus

Zutaten: 30 g Getreidekörner (Hirse, Dinkel, Hafer), 250 ml Wasser

Zubereitung: Die Getreidekörner in einem Mörser zerstoßen. In einem kleinen Topf ca. 250 ml Wasser zum Kochen bringen. Das Getreidemehl hinzugeben und auf kleiner Flamme ca. 4–5 Minuten köcheln lassen. Dabei mehrmals umrühren.

Hauptspeise:
Hirschbraten

Zutaten: 1 kg Hirschfleisch

Zubereitung: Ein Lagerfeuer entzünden. Das Hirschfleisch auf eine Stange spießen und so lange über dem Feuer rösten, bis das Fleisch zart durchgebraten ist. Dabei die Stange mehrmals drehen.

Nachspeise:
Frische Waldbeeren

Zutaten: Frische Waldbeeren (Preiselbeeren, Schlehen, Brombeeren, Walderdbeeren)

Zubereitung: Beeren pflücken und essen.

Marco Pantani
1970 – 2004

Am frühen Nachmittag des 9. Februar 2004 betritt ein kleiner glatzköpfiger Mann das Hotel »Le Rose« in Rimini. Außer einer leichten Sporttasche hat er kein Gepäck bei sich. Portier Pietro Buccellato ist in den Wintermonaten über jeden Gast froh, der sich in das kleine, preiswerte Hotel verirrt. Normalerweise sind die Ferienorte an der italienischen Adriaküste außerhalb der Saison wie leer gefegt. Umso überraschter ist Pietro Buccellato, als er bei genauerem Hinsehen erkennt, wer bei ihm unterschlüpfen will: der berühmte italienische Radrennfahrer Marco Pantani. Seine markanten Segelohren, die ihm in der Boulevardpresse den Spitznamen »Elefantino« einbrachten, hat er sich durch eine kosmetische Operation inzwischen anlegen lassen. Und auch sein Kopftuch, das früher sein Markenzeichen war, trägt er nicht mehr. Trotzdem kennt jeder Italiener, der sich nur ein wenig für Radsport interessiert, das Gesicht des 34-Jährigen. Seine Triumphe bei der Tour de France und beim Giro d' Italia im Jahr 1998 machten aus dem schmächtigen Bergspezialisten einen Volkshelden. Sein jäher Dopingabsturz und seine Drogeneskapaden füllten anschließend jahrelang die italienischen und internationalen Gazetten.

Als Pantani am 9. Februar 2004 ein Zimmer im Hotel »Le Rose« anmietet, steckt er tiefer im Drogensumpf als je zuvor. Sein sportlicher Abstieg und seine anhaltende Kokainabhängigkeit haben den einstigen Siegertyp in tiefe Depressionen gestürzt. Wortkarg füllt er an der Rezeption das Anmeldeformular aus. Danach zieht er sich in sein Zimmer zurück. Er verlässt es noch einmal kurz für rund zwanzig Minuten, um seine Kokainvorräte aufzufüllen. Anschließend vegetiert er die nächsten drei Tage ohne jeden Kontakt zu seiner Umwelt in dem kleinen Zimmer. Als das ukrainische Zimmermädchen Lorissa am Morgen des 13. Februar 2004 wie üblich frische Handtücher in sein Bad bringt, spricht Pantani sie das erste Mal an. »Wie sehe ich aus?«, fragt er seltsam entrückt. Doch Lorissas Italienischkenntnisse sind nur unzureichend vorhanden. Sie versteht den ehemaligen Radrennfahrer nicht. »Ich kenne Sie nicht«, antwortet sie mit starkem ukrainischen Akzent. Pantani lächelt daraufhin nur lakonisch. Am Nachmittag desselben Tages bestellt er an der Rezeption ein Omelette auf sein Zimmer. Pietro Buccellato leitet die Bestellung telefonisch an die wenige Meter entfernte »Rimini Key Pizzeria« weiter. Als Pizzeria-Chef Oliver Laghi erfährt, wer die Bestellung aufgegeben hat, lässt er es sich nicht nehmen, das Omelette mit Schinken und Pilzen selbst auszuliefern. Laghi ist ein ambitionierter Amateurradrennfahrer, er freut sich auf die Begegnung mit dem umjubelten Tour-de-France-Sieger. Doch als Pantani ihm die Hotelzimmertür öffnet, ist Laghi zutiefst schockiert. Aus dem Zimmer schlägt ihm abgestandene, stickige Luft entgegen. Der einstige Volksheld Pantani ist nur noch ein Schatten seiner selbst. Er sieht niedergeschlagen und müde aus. Ungewaschen und mit schlechtem Atem nimmt er Laghi das Essen ab. »Das Omelette geht natürlich auf mich«, stottert der Pizzeria-Chef verstört. Pantani schlägt ihm müde lächelnd auf den Rücken und murmelt: »Wir sehen uns morgen wieder, dann werden wir ein wenig feiern.« Doch Oliver Laghi wird ihn nicht noch einmal zu Gesicht bekommen. Pantani schließt die Tür, isst das Pilz-Schinken-Omelette und widmet sich wieder seinem weißen Pulver.

Als das Zimmermädchen Lorissa am nächsten Morgen an seine Zimmertür klopft, herrscht er sie durch die geschlossene Tür an, ihn in Ruhe zu lassen. Es ist das letzte Lebenszeichen des abgestürzten Radprofis. Am späten Nachmittag beginnt Pietro Buccellato, sich Sorgen um den prominenten Gast zu machen. Er greift mehrfach zum Hörer und ruft in Pantanis Zimmer an. Doch stets ist nur das Besetztzeichen zu hören. Gegen 21 Uhr schnappt sich Buccellato zwei Handtücher, steigt die Treppen hoch und schließt Pantanis Hotelzimmertür mit einem Nachschlüssel auf. Direkt hinter der Tür sind Sessel und Stühle gestapelt. Buccellato muss sie erst entfernen, um das Zimmer betreten zu können. Dann sieht er Pantani neben dem Bett auf dem Boden liegen. Sein kahlköpfiger Schädel ist geschwollen, seine Arme und Beine sind seltsam verdreht. Auf dem Nachttisch liegen geöffnete Packungen Antidepressiva, darüber ist weißes Pulver gestäubt. Buccellato greift sofort zum Telefonhörer und verständigt einen Rettungswagen. Doch der wenig später eintreffende Notarzt kann Marco Pantani nicht mehr helfen. Der ehemalige Superstar ist bereits seit mehreren Stunden tot. Er starb an einer Überdosis Kokain, die zu einem Hirn- und Lungenödem führte.

Omelette »Elefantino«

Zutaten: (für 1 Person) 100 g Champignons, 2 Eier, 2 Scheiben Schinken, 2 Tomaten, 2 EL Mineralwasser, Schnittlauch, Salz, Pfeffer, Öl, Thymian

Zubereitung: Champignons und Tomaten putzen und vierteln. Eier, Mineralwasser, Salz und Pfeffer verquirlen. Schnittlauch in Röllchen schneiden und einen Teil davon mit zu der Eiermasse geben. Öl in einer beschichteten Pfanne erhitzen, Eiermasse dazugeben und auf kleiner Flamme ca. 5 Minuten stocken lassen.

Schinken in Streifen schneiden. Champignons in einer Pfanne dünsten, mit Thymian, Salz und Pfeffer würzen. Die Schinkenstreifen dazu geben. Anschließend das Omelette auf einen Teller geben und die Champignon-Schinken-Gewürzmischung darauf verteilen. Mit den restlichen Schnittlauchröllchen bestreuen und die Tomaten als Garnitur beigeben.

Papst Alexander VI.
1430 – 1503

Für die eigene Gesundheit ist es Anfang des 16. Jahrhunderts weit förderlicher, den amtierenden Papst selbst zum Essen einzuladen, als sich von ihm einladen zu lassen. Der aus Spanien stammende Pontifex Maximus Alexander VI. steht im Ruf, missliebige Kardinäle und Konkurrenten während päpstlicher Festbankette mittels Gift einfach aus dem Weg zu räumen. Geholfen wird ihm dabei vor allem von seinem Sohn Cesare, dessen Skrupellosigkeit bereits zu Lebzeiten berühmt und berüchtigt ist. Dem Philosophen Niccolo Machiavelli wird Cesare später als Vorbild für den machtgierigen Fürst in seinem Werk »Il Principe« dienen. Cesare ist jedoch nicht das einzige Kind des sinnenfrohen Papstes. Mit seiner langjährigen Mätresse Vanozza de' Cattanei hat Alexander VI. noch drei weitere Kinder, die im Lateranpalast ein- und ausgehen: Juan, Jofré und Lukrezia. Vor allem Lukrezias libidinöser Lebenswandel wird noch Jahrhunderte später Historiker und Biografen beschäftigen. Anfang des 16. Jahrhunderts sagt man ihr gar ein Liebesverhältnis mit dem eigenen Vater nach, dessen Bindung zum Zölibat denkbar schwach ausgeprägt ist. Die erotischen Ausschweifungen im Palast des als Rodrigo Borgia geborenen Papstes sind selbst für die Kummer gewohnten Römer eine Spur zu heftig. Der feurige Spanier feiert mit seinen Lieblingskindern Cesare und Lukrezia Orgien, wie sie Rom seit der Antike nicht mehr gesehen hat. Bisweilen tummeln sich bis zu fünfzig Kurtisanen im päpstlichen Palast, die zur Freude der geladenen Gäste auf allen Vieren über den Marmorboden kriechen und verstreute Esskastanien mit allen ihnen zur Verfügung stehenden Körperöffnungen aufsammeln. Anschließend erproben Alexander VI. und seine Getreuen in einem sportiven Wettbewerb ihre erektive Standfestigkeit an den fleißigen Kastaniensammlerinnen.

Noch als 70-Jähriger gönnt sich der Pontifex Maximus eine blutjunge Mätresse namens Giulia Farnese, die von den Römern allerdings schon bald ironisch »Sponsa Christi« (Braut Christi) getauft wird. Im April 1500 zirkulieren in Rom Flugblätter, die das ellenlange Südenregister des christlichen Oberhauptes detailliert aufführen. Alexanders Rivale Giovanni de Medici lässt sich in dieser Zeit gar zu der Einschätzung verleiten: »Jetzt sind wir in den Fängen des vielleicht wildesten Wolfes, den die Welt je gesehen hat.«

Doch auch der wildeste Wolf lebt nicht ewig. Alexanders letzte Stunde schlägt im April 1503. Anlässlich des zehnten Jubiläums seiner Amtseinführung ist der Papst mit seinem Sohn Cesare bei Kardinal Adriano Castellesi da Corneto zu einem Festbankett eingeladen. Es gibt frischen Spargel, Forellenschnitten in Butter mit Krebspastetchen, Wildfasan mit Rahmsalat, Ananas auf Johannisbeer-Mus, warmen Käse und reichlich Wein. Der sagenhaft reiche Castellesi gilt als treuer Unterstützer von Alexanders Nepotismuspolitik. Es ist kaum vorstellbar, dass er dem Papst und seinem Sohn Cesare nach dem Leben trachten könnte. Dennoch leiden Alexander und Cesare schon bald nach dem letzten Bissen unter heftigen Magenschmerzen und müssen sich mehrfach übergeben. Später gesellt sich starkes Fieber dazu. Beide erholen sich zwar wieder, doch nur wenig später erleidet der 73-jährige Alexander einen schweren Rückfall. Wieder quälen schwere Koliken und starkes Fieber seinen geschwächten Körper. In den Abendstunden des 18. August 1503 tut Alexander VI. im päpstlichen Palast seinen letzten Atemzug.

Augenzeugen berichten anschließend von einem seltsamen Aufquellen seines toten Körpers in kürzester Zeit. Zudem verfärbt sich die Leiche unnatürlich schwarz und sondert übelriechende Flüssigkeiten ab. Die Nachricht von der ungewöhnlich raschen Zersetzung des Körpers verbreitet sich wie ein Lauffeuer in ganz Rom und trägt dazu bei, dass der Tod des skrupellosen Papstes mit einem Giftanschlag in Verbindung gebracht wird.

In den folgenden Jahrhunderten wird weiter darüber spekuliert, ob Alexander von Kardinal Adriano Castellesi da Corneto vergiftet wurde, oder ob der Papst den Kardinal vergiften wollte und dabei das Gift versehentlich selbst schluckte. Wahrscheinlicher ist jedoch, dass Alexander VI. an der damals in Rom grassierenden Malaria verstarb und sein letztes Mahl im Haus von Adriano Castellesi da Corneto nur zufällig mit dem Ausbruch der Krankheit in Verbindung stand.

Päpstliches Festmenü
» Pater Noster «

Hors d'Oeuvre:
Frischer Spargel

Zutaten: 2 Kg frischer Spargel, 150 g Butter, 2 EL gehackte Petersilie, 1 EL Paniermehl, Zucker, Salz

Zubereitung: Den Spargel waschen und schälen. In einem großen Topf Wasser zum Kochen bringen. Einen Teelöffel Butter, etwas Zucker, eine Prise Salz und den Spargel ins Wasser geben. Circa

15–20 Minuten auf mittlerer Flamme kochen lassen. Danach mit einem Schaumlöffel den Spargel herausnehmen.

In einer kleinen Pfanne die restliche Butter zerlassen und das Paniermehl leicht bräunen. Anschließend die Buttersoße über den Spargel geben und mit der gehackten Petersilie garnieren.

Vorspeise:
Forellenschnitten in Butter mit Krebspastetchen

Zutaten: 4 frische Forellen, 270 g Butter, 4 Scheiben Weißbrot, 2 unbehandelte Zitronen, 1 Bund Petersilie, 200 ml trockener Weißwein, 4 EL Keimöl, Salz, Pfeffer, 8 Blätterteigpastetchen, 3 Schalotten, 1 EL Mehl, 1 Tasse Bouillon, 5 Morcheln, 250 g Kalbsbries, 30 Krebsschwänze, 2 Eier, Zitronensaft

Zubereitung: Von dem Weißbrot die Rinde entfernen und das weiche Brot in kleine Würfel schneiden. In einer Pfanne 200 g Butter erhitzen und die Brotwürfel hellbraun anbraten. Die Butter in ein Gefäß abgießen und die Brotwürfel auf Küchenpapier abtropfen lassen. Von einer Zitrone die gelbe Schale abhobeln und in dünne Streifen schneiden. Anschließend die Fruchtfilets aus beiden Zitronen herausschneiden. Die Petersilie waschen und die Blätter von den Stielen zupfen.

Die ausgenommenen Forellen unter fließendem Wasser waschen, trocken tupfen und in Schnitten schneiden. Innen und außen mit Salz und Pfeffer würzen. Die Haut auf einer Seite gut einen Zentimeter tief einschneiden. 50 g Butter als Flöckchen in die Einschnitte verteilen. Anschließend die Forellenschnitten in eine Auflaufform geben und mit dem Keimöl und dem Weißwein umgießen. Im Ofen bei 200 Grad ca. 20–25 Minuten garen.

Die beiseite gestellte Butter noch einmal wärmen. Die Brotwürfel, die Zitronenfilets und die Schalenstreifen darin kurz erhitzen und die Petersilienblätter darunter geben.

Das Kalbsbries in einer Bouillon gar kochen. In einer großen Pfanne drei gewürfelte Schalotten und fünf klein geschnittene Morcheln in Butter andünsten. Einen Esslöffel Mehl unterrühren. Danach eine Tasse Bouillon dazugeben. Das Ganze auf kleiner Flamme rund zehn Minuten köcheln lassen.

Dem erkalteten Kalbsbries die Haut abziehen. Anschießend das Bries in Würfel schneiden und gemeinsam mit ein wenig Zitronensaft zu der Morchelbouillon geben. 30 Krebsschwänze in Würfel schneiden und zu der eingekochten Sauce hinzufügen. Zuletzt alles mit zwei Eidottern abbinden und in die zuvor gebackenen Pastetchen geben. Gemeinsam mit den Forellenschnitten servieren.

Hauptgang:
Wildfasanbraten an Schnittlauch-Rahmsalat

Zutaten: 1 ausgenommener Wildfasan, 1 Gemüsezwiebel, 1 Karotte, 1 Knoblauchzehe, 2 TL Senf, 4 EL Honig, 2 EL Worcestersauce, 2 EL Whisky, 5 EL Olivenöl, 1 Schuss Tabasco, gemahlene Wacholderbeeren, Thymian, Salbei, Rosmarin, 6 Bund Schnittlauch, 3 EL Essig, 6 Eier, Rahm, Pfeffer, Salz

Zubereitung: Die Zwiebel und die Karotte schälen und in Würfel schneiden. Anschließend die Würfel in eine große Auflaufform geben. Den Fasan in zwei gleich große Stücke teilen. Die Stücke in einer heißen Pfanne von allen Seiten scharf anbraten. Den Knoblauch zerdrücken und zusammen mit den gemahlenen Wacholderbeeren, dem Senf, dem Honig, der Worcestersauce, einem Schuss Tabasco, dem Whisky, zwei Esslöffeln Olivenöl, dem Thymian, dem Salbei und dem Rosmarin zu einer Marinade verrühren.

Die angebratenen Fasanenstücke mit der Marinade glasieren und zu den Zwiebel- und Karottenwürfeln in die Auflaufform geben. Das Ganze bei 200 Grad im vorgeheizten Ofen ca. 45 Minuten garen. Dabei den Fasan mehrfach wenden und neu mit der Marinade bestreichen.

Den Schnittlauch putzen und in Röllchen schneiden. Sechs Eier hart kochen und aus drei Eiern den Dotter herauslösen. Den Dotter zerdrücken und mit Essig, dem restlichen Olivenöl, Salz, Pfeffer und etwas Rahm verrühren. Die restlichen Eier und das Eiweiß klein schneiden, zu den Schnittlauchröllchen geben und mit dem Rahmdressing vermischen. Anschließend mit dem gebratenen Wildfasan servieren.

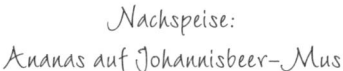

Nachspeise:
Ananas auf Johannisbeer-Mus

Zutaten: 1 Ananas, 300 g Johannisbeeren, 100 g Puderzucker, 1 Packung Vanillezucker, 1 EL Zitronensaft, 20 ml Johannisbeer-Likör

Zubereitung: Die Johannisbeeren waschen und die Stiele entfernen. Anschließend in einen Topf geben, mit dem Zucker und dem Vanillezucker bestreuen. Einen Esslöffel Zitronensaft hinzufügen, kurz umrühren und zugedeckt ca. 15 Minuten durchziehen lassen.

Danach 50 ml Wasser zu den Johannisbeeren geben und unter ständigem Umrühren aufkochen, bis die Beeren platzen. Die Flamme kleiner stellen und weitere fünf Minuten köcheln lassen. Das Beerenpüree abkühlen lassen und den Johannisbeer-Likör unterrühren.

Die Ananas schälen und in Scheiben schneiden. Das Johannisbeer-Mus auf Teller verteilen und die Ananasscheiben darüber anrichten.

Dazu warmer Käse, Wein und drei Ave Maria.

Elvis Presley
1935 – 1977

Seit Gladys Presley Anfang der 40er Jahre die ersten Bananen-Erdnussbutter-Sandwiches in einer fettigen Pfanne brutzelte, gehören die süßen Kalorienbomben zu Elvis wie sein skandalöser Hüftschwung und zahllose Nummer-Eins-Hits. Als kleiner Junge kann er nicht genug von den klebrigen Dingern haben. Doch er bekommt sie nur, wenn genug Geld im Hause Presley vorhanden ist, und das ist selten der Fall.

Später, als er längst den Rockolymp erklommen hat, wird Elvis seinen Erfolg darin messen, dass er sich zu jeder Tages- und Nachtzeit die geliebten Sandwiches aus seiner Kindheit in heißem Fett herausbacken lassen kann. Seine Köchinnen Pauline Nicholson und Mary Jenkins Langston stehen allzeit bereit, wann immer es dem King of Rock 'n' Roll beliebt, um zwei große Bananen, sechs Scheiben Toast, eine Tasse Erdnussbutter und eine halbe Tasse Butter zu den ersehnten Sandwiches zu verarbeiten. Als Elvis Anfang Vierzig ist, stopft er sich bisweilen an die zwölf Stück hintereinander in seinen aufgedunsenen Körper. Doch am Ende seines Lebens werden es nicht die gold-gelben Leckereien sein, die er vor seinem Gang zum Jüngsten Gericht noch futtert.

Den Abend des 15. August 1977 verlebt Elvis wie so viele Abende zuvor auf seinem großzügigen Anwesen »Graceland« in Memphis, Tennessee. Er feiert mit seinen Bodyguards, der berüchtigten »Memphis Mafia«, eine Party, klimpert auf dem Klavier und singt. Die »Memphis Mafia«, eine rund 20-köpfige Gruppe, ist nicht allein für seinen Schutz da, sondern vor allem zur Belustigung und zum Entertainment des berühmten Rockstars. Allein ihre Finanzierung kostet Elvis monatlich ein kleines Vermögen. Obwohl der 42-Jährige noch immer Millionen Schallplatten verkauft, ist er finanziell am Ende. Von all seinen Einnahmen erhält sein Manager Colonel Tom Parker fünfzig Prozent, den Rest verschlingt sein aufwendiger Lebensstil. Die aufkommenden Depressionen gegen Ende seines Lebens versucht der »King« mit Antidepressiva, Schlaftabletten, Drogen, Alkohol und Abführmitteln in den Griff zu bekommen. Bis in die frühen Morgenstunden des 16. August 1977 feiert Elvis mit seinen Jungs von der »Memphis Mafia« und mit seiner neuen Freundin Ginger Alden, die später behaupten wird, er habe ihr in dieser Nacht sogar einen Heiratsantrag gemacht. Gegen vier Uhr morgens verlassen die Bodyguards die Party, und Ginger zieht sich in ihr Gästeschlafzimmer zurück. Nur Elvis bleibt weiter wach. Er lässt sich von seiner Köchin Pauline Nicholson sein letztes Mahl zubereiten: kein Bananen-Erdnussbutter-Sandwich, sondern einen großen Becher Vanille-Eiscreme mit sechs Schokoladenkeksen. Danach spielt er ein wenig Raquetball, um seine gestörte Verdauung anzuregen. Irgendwann in den Morgenstunden des 16. August 1977 glaubt er, der Anstrengung eines Toilettenganges gewachsen zu sein. Im Bad seines Schlafzimmers zieht er sich aus und wuchtet seinen rund 250 Pfund schweren Körper auf den Toilettensitz. Die gegenüberliegenden Badkacheln sind das Letzte, was der einstige Frauenschwarm in seinem Leben sieht.

Am nächsten Tag wird sein Leichnam von Ginger Alden gefunden. Der Mann, der den erotischen Hüftschwung in die Welt brachte, liegt auf dem Boden des Badezimmers, sein nacktes Gesäß ragt in die Höhe, das Gesicht ist bläulich angeschwollen, seine Hände krallen sich noch immer in einen Flokati-Teppich. Den Kampf gegen die Verstopfung hat er wenige Stunden zuvor verloren. »Herzstillstand durch zentrales Versagen der Atemorgane« lautet die exakte Todesursache nach der Obduktion seiner Leiche später. Der Schlag traf Elvis buchstäblich während des Stuhlgangs.

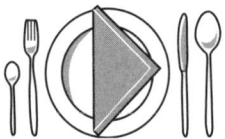

Vanille-Eis »All Shook Up«

Zutaten: 1 Liter Milch, 1 Päckchen Vanillezucker, 120 g Zucker,
2 EL Stärkemehl, 2 Eigelb

Zubereitung: In einem Topf 900 ml Milch mit dem Vanillezucker
und dem Zucker aufkochen. Das Stärkemehl mit der restlichen
Milch mischen und unter die Vanillemilch rühren. Das Ganze
kurz aufkochen. Anschließend die vier Eigelb schaumig schlagen
und die heiße Vanillemilch darunter rühren. Die Masse in eine
Schüssel füllen und erkalten lassen. Danach die Schüssel abdecken
und ins Gefrierfach stellen.

Schokoladenkekse »Suspicious Minds«

Zutaten: 200 g Butter, 150 g brauner Zucker, 1 Ei, 225 g Mehl, 200 g
Bitterschokolade, 1 TL Backpulver, Salz

Zubereitung: Butter, Zucker und etwas Salz schaumig rühren.
Anschließend das Ei hinzugeben und weiter rühren. Die Schoko-
lade in große Stücke reiben. Danach Mehl, Backpulver und $2/3$ der
Schokolade vorsichtig unter den gerührten Teig heben. Mit einem
Teelöffel kleine Kugeln aus dem Teig formen und in großem Ab-
stand auf ein eingefettetes Backblech legen. Die Kugeln mit der
restlichen Schokolade bestreuen. Anschließend bei 180 Grad ca. 15
Minuten im Ofen backen.

Luisel Ramos
1984 – 2006

Von der Glamour-Welt einer Giselle Bündchen ist Luisel Ramos im Sommer 2006 noch meilenweit entfernt. Dennoch mehren sich im Juli die Anzeichen dafür, dass der größte Wunsch der jungen Frau aus Montevideo wahr werden könnte. Seit Jahren träumt Luisel Ramos bereits von einer Model-Karriere. Die Chancen dafür stehen so schlecht nicht, immerhin ist Luisel eine attraktive, junge Frau, der die Männer zu Füßen liegen. Zudem hat sie in der Vergangenheit bereits den ein oder anderen Model-Kurs besucht, um ihrem Traum vom Leben auf dem Laufsteg ein Stück näher zu kommen. Mit dem Haute-Couture-Spektakel »Woche der Mode« im »Radisson Victoria Plaza Hotel« von Montevideo scheint sich Luisels großer Wunsch endlich zu erfüllen: Die 22-Jährige wird zunächst als Hostess für die Modemesse gebucht, erregt jedoch schon bald durch ihre aparte Erscheinung das nähere Interesse der Organisatoren. Der jungen Frau wird in Aussicht gestellt, am Tag der Premiere als Model mit auf den Catwalk zu dürfen. Luisel Ramos ist außer sich vor Freude, sie kann ihr Glück kaum fassen. Allerdings hat die Sache einen kleinen Haken: Luisels 62 Kilogramm Körpergewicht erscheinen den Modemachern ein wenig zu viel für den Laufsteg. Die Auftrittszusage ist deshalb an das Versprechen der jungen Frau gekoppelt, in den nächsten Wochen ein paar Pfund Babyspeck abzunehmen.

Luisel nimmt das Versprechen ernster, als es ihr gut tut. Doch sie glaubt, die Chance, die sich ihr urplötzlich bietet, am Schopf packen zu müssen. Statt einer Diät, deren Erfolg sich erst langfris-

tig abzeichnen würde, isst sie einfach gar nichts mehr. Ihrem Vater
Luis fallen die neuen Essgewohnheiten seiner Tochter zuerst auf.
Ihm will es nicht in den Kopf, dass Luisel, die früher gerne Pizza
und Mozzarella verdrückte, beim Abendessen plötzlich nur noch
an einer Dose Diät-Cola nippt. Er stellt sie zur Rede, doch Luisel
hat den Pakt mit ihrem Körper längst gemacht. Sie lässt sich auf
keine Diskussionen ein. Sie will unbedingt auf den Laufsteg – und
dafür ist ihr kein Opfer zu groß. Ganze zwei Wochen füttert sie
ihren Körper ausschließlich mit Diät-Cola. Nicht einmal auf die
in bulemischen Model-Kreisen so beliebten, in Orangensaft ge-
tränkten Wattebäusche, die das Hungergefühl im Magen vertreiben sollen, greift sie zurück. Sie verweigert einfach jegliche feste
Nahrung und verliert rapide an Gewicht.

Am 2. August 2006, dem Tag der Eröffnungsshow, ist Luisel auf
50 Kilogramm abgemagert. Ihre Hüftknochen stehen wie tödliche
Waffen hervor. Die Organisatoren der Show sind hocherfreut,
dass Luisel ihr Versprechen gehalten hat. Nun wollen sie ihrerseits
ihr Versprechen halten: Luisel Ramos darf am Abend auf den Laufsteg. Es werden diese fünfzehn Minuten sein, die sie über Nacht
berühmt machen. Nicht Giselle Bündchen, sondern ihr werden
am nächsten Tag die Schlagzeilen in aller Welt gehören. Allerdings in einer ganz anderen Art und Weise, als es sich Luisel
Ramos zu diesem Zeitpunkt vorstellen mag.

Die Modeshow am Abend beginnt mit der Präsentation von
eleganter Freizeitkleidung. Luisel darf mit einer Kombination aus
Rock und Bluse auf den Catwalk. Ihre Familie und ihr Verlobter
Jairo Berrondo sitzen im Publikum und sind stolz auf die junge
Frau, die sich in die Show hineingehungert hat. Anschließend
präsentiert Luisel ein Abendkleid und erntet tosenden Applaus.
Der Applaus ist noch nicht verklungen, als sie auf ihren hochha-
ckigen Schuhen zurück zur Garderobe stöckelt, um den nächsten
Fummel anzuziehen. Doch noch bevor sie die Tür erreicht, bricht
sie zusammen. Ihre Kolleginnen glauben zunächst an einen Ohn-

machtsanfall oder an einen umgeknickten Fuß. Doch als sie bei Luisel sind, um ihr aufzuhelfen, stellt sich schnell heraus, dass die Sache weit dramatischer ist: Infolge der wochenlangen Nahrungsverweigerung hat Luisels Herz einfach aufgehört zu schlagen. Als die alarmierten Rettungssanitäter im »Radisson Victoria Plaza Hotel« eintreffen, können sie nur noch den Tod der 22-jährigen Frau feststellen.

Model-Cocktail
»Catwalk-Killer«

Zutaten: Eine Flasche Diät-Cola.

Zubereitung: Flasche öffnen und trinken.
Dazu nichts.

Grigori Rasputin
1869 – 1916

Ende 1916 mehren sich die Anzeichen für ein kurz bevorstehendes Attentat. Grigori Rasputin nimmt die Warnungen, die er von der Polizei in St. Petersburg erhält, ernst. Mehrfach ist der 47-jährige Wanderprediger und Wunderheiler bei fehlgeschlagenen Attentaten in den vergangenen Jahren dem Tod nur knapp entgangen. Rasputin weiß, dass er in St. Petersburg mehr Feinde als Freunde hat. Viele neiden ihm seinen Aufstieg vom einfachen sibirischen Bauern in die höchste russische Gesellschaft. Vor allem der enge persönliche Kontakt, den der groß gewachsene Mann mit dem wallenden Vollbart und dem stechenden Blick zur Zarenfamilie pflegt, wird von der St. Petersburger High Society eifersüchtig beäugt. Dass der Prediger aus dem kleinen sibirischen Dorf Pokrowskoje zum Wohle des zwölfjährigen Zarewitsch Alexej in den Palast gerufen wird, ist den meisten St. Petersburgern nicht bekannt. Die Bluterkrankheit des Thronfolgers wird in der Zarenfamilie wie ein Staatsgeheimnis behandelt. Seit Grigori Rasputin 1906 den kleinen Alexej erstmals mittels Hypnose von Schmerzen befreien und innere Blutungen stillen konnte, schwört vor allem Zarin Alexandra auf die geheimnisvollen Kräfte des sibirischen Bauern. In der Öffentlichkeit hingegen werden die häufigen Zusammenkünfte zwischen Alexandra und Rasputin als sicheres Indiz für eine skandalöse Liebesbeziehung interpretiert. Als auch noch Gerüchte aufkommen, Rasputin würde seinen intimen Kontakt zur Zarin nutzen, um tatkräftig Einfluss auf die Politik von Zar Nikolaus II. zu nehmen, sieht sich die St. Petersburger

Oberschicht zum Handeln gezwungen. Grigori Rasputin schwebt von diesem Zeitpunkt an in ständiger Lebensgefahr. Im Dezember 1916 wagt er aus Furcht vor einem Attentat kaum mehr, seine Wohnung zu verlassen. Es gibt nur noch eine Handvoll Menschen, denen er glaubt, vertrauen zu können. Einer davon ist Fürst Felix Jussupow, der Ehemann einer Nichte des Zaren.

Als Grigori Rasputin am 30. Dezember 1916 eine Einladung in Jussupows Haus erhält, schöpft er keinerlei Verdacht. Arglos findet er sich am Abend in den Gemächern des Fürsten ein. Jussupow erwartet ihn bereits gemeinsam mit dem Duma-Abgeordneten Wladimir Purischkjewitsch, dem Militärarzt Dr. Lazavert, Leutnant Sukchotin und Großherzog Dimitri Pawlowitsch. Die fünf Männer haben beschlossen, den störenden Prediger auf ihre Weise aus dem Weg zu räumen. Als Rasputin in Fürst Jussupows Palais eintrifft, werden ihm vergiftete Schokoladentörtchen und vergifteter Madeira-Wein vorgesetzt. Der Wanderprediger und Wunderheiler greift beherzt zu. Doch zur allgemeinen Verwunderung der fünf Verschwörer geschieht nicht, was eigentlich geschehen soll: Statt von Würgekrämpfen geschüttelt tot umzufallen, ist Rasputin lebendiger denn je. Möglicherweise ist die Giftkonzentration zu gering oder der Zuckergehalt der Schokoladentörtchen neutralisiert das Toxin.

Nach dem gescheiterten Giftanschlag greift Jussupow zu drastischeren Mitteln. Er zieht seinen Revolver aus der Tasche und schießt auf Rasputin. Der bärtige Prediger sackt in sich zusammen, seine Verschwörer halten ihn für tot.

Doch nur wenig später rappelt Rasputin sich wieder auf und schleppt sich in den Hof des Palais. Jussupow verliert nun endgültig die Nerven und eilt ihm panisch nach. Zwei weitere Kugeln aus seinem Revolver treffen Rasputin in den Kopf und in die Brust. Doch tot ist er noch immer nicht. Der ungebrochene Lebenswille des Wunderheilers wird den Verschwörern mehr und mehr unheimlich. Hektisch fesseln sie den Bewusstlosen, stecken ihn in einen Sack und verfrachten ihn in ein Auto. Auf einer Brücke über die Newa halten sie an, zerren den Gefesselten aus dem Auto und werfen ihn in ein Eisloch. Rasputin ist noch immer am Leben, als ihn das kalte Wasser unter die Eisplatten zieht. Er versucht seine Fesseln zu lösen – ohne Erfolg. Diesen letzten Mordanschlag der Verschwörer überlebt er nicht.

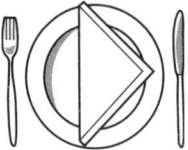

Russische Schokoladentörtchen »Stirb langsam«

Zutaten: 100 g Bitterschokolade, 100 g Butter, 2 Eier, 80 g feiner Zucker, 40 g Mehl, 1 TL Backpulver, 2 EL dunkles Kakaopulver

Zubereitung: Butter zergehen lassen. Die Bitterschokolade im warmen Wasserbad schmelzen und mit der flüssigen Butter vermischen. Anschließend Eier und Zucker schaumig schlagen und mit den restlichen Zutaten vermengen. Die Masse in Papierförmchen füllen und im vorgeheizten Ofen bei 170 Grad ca. 9 Minuten backen. Mit Vanillesauce oder pürierten Erdbeeren garnieren.

Dazu ein Glas Madeira.

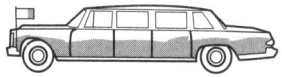

Franklin D. Roosevelt
1882 – 1945

Im März 1945 verschlechtert sich Franklin D. Roosevelts gesundheitlicher Zustand zusehends. Nach der Konferenz von Jalta muss
der amerikanische Präsident das erste Mal in seiner Politikerkar-
riere im Rollstuhl ans Rednerpult gefahren werden. Sichtlich geschwächt berichtet er den amerikanischen Kongress-Abgeordne-
ten im Sitzen von den Ergebnissen der Konferenz. Seit Roosevelt
im Alter von 40 Jahren an Polio erkrankte, ist er mitunter auf
einen Rollstuhl angewiesen. Doch bisher brachte er es immer fertig, seine Reden im amerikanischen Abgeordnetenhaus stehend
durchzuhalten. Diese Energie ist dem 63-Jährigen im März 1945
abhanden gekommen. Besorgt um seinen Gesundheitszustand raten ihm seine Ärzte, eine kleine Auszeit zu nehmen und neue
Energie zu tanken.

Anfang April 1945 folgt Roosevelt dem Rat seiner Ärzte. Er verlässt Washington und zieht sich auf seinen Sommersitz Warm
Springs in Georgia zurück. In Warm Springs sollen ihm viel Sonne, viel Schlaf und die Gesellschaft einiger vertrauter Frauen
wieder auf die Beine helfen. Vor allem seine Cousinen Laura Dela-
no und Margaret Suckley bemühen sich, dem Präsidenten seinen
Aufenthalt so angenehm wie möglich zu gestalten. Richtig auf
Touren kommt der geschwächte Polio-Kranke jedoch erst wieder,
als Lucy Rutherfurd am 9. April 1945 in Warm Springs eintrifft.
Rutherfurd ist eine ehemalige Geliebte aus der Anfangszeit von
Roosevelts politischer Karriere. Die Ehe des damaligen Gouverneurs von New York wäre beinahe daran zerbrochen. Erst das Ver-

sprechen gegenüber seiner Frau Eleanor, Rutherfurd nie mehr wiederzusehen, rettete den Segen im Hause Roosevelt und die politische Karriere des jungen Gouverneurs. Doch vergessen hat der Präsident seine ehemalige Geliebte nie. Mit Lucy Rutherfurd und seinen beiden Cousinen unternimmt er in seinem Ford Phaeton Cabrio Ausflüge durch die Hügellandschaft Georgias, während seine Frau Eleanor in Washington weiterhin die Aufgaben einer First Lady erfüllt. Roosevelt lebt bei den launigen Trips zusehends auf. Durch eine besondere Konstruktion der Pedale kann der Gelähmte das Auto sogar selbst chauffieren. In der Zeit zwischen den Ausflügen sitzt er der Malerin Elisabeth Shoumatoff für ein Porträt Model.

Am späten Vormittag des 12. April 1945 steht Shoumatoff wieder vor der Leinwand und taucht ihren Pinsel in Farbe, während der Präsident an einem großen Tisch über einigen Akten brütet. Auf einer Couch haben es sich Margaret Suckley und Lucy Rutherfurd bequem gemacht. Roosevelt nimmt aus einer kleinen grünen Flasche etwas Medizin, die seinen Appetit anregen soll. Danach bringt ihm sein Butler einen Teller heißen Haferschleim. Roosevelt hasst den Geschmack von Haferschleim, doch seine Ärzte haben ihm das Zeug verordnet. Widerwillig kostet er ein paar Löffel, dann schiebt er den Teller angeekelt beiseite. »In fünfzehn Minuten gibt es Mittagessen«, beruhigt er seine Gesellschaftsdamen mit verzogenem Gesicht. Anschließend fasst er sich an die Stirn und reibt seinen Nacken. »Ich habe plötzlich … fürchterliche Kopfschmerzen«, stottert er verlegen. Sein Körper zuckt zusammen, dann kippt Roosevelt ohne jedes weitere Vorzeichen vorne über. Sein Kopf knallt auf den Tisch. Obwohl seine Ärzte sofort an Roosevelts Seite sind, stirbt er nur wenig später an einer Hirnblutung. Seine ehemalige Geliebte Lucy Rutherfurd muss nach seinem Tod unverzüglich den Sommersitz Warm Springs verlassen, um einen Skandal in der Öffentlichkeit zu vermeiden.

Haferschleim nach Präsidentenart

Zutaten: 125 g Haferflocken, 1 Liter Milch, 20 g Butter,
50 g Zucker, Salz

Zubereitung: Haferflocken, Milch, Butter und etwas Salz in einen
Topf geben. Auf mittlerer Flamme unter ständigem Umrühren
zum Kochen bringen. Anschließend die Flamme ausmachen und
den Haferschleim quellen lassen. Danach den Zucker unterrühren
und servieren.

Robert Schumann
1810–1856

Am 27. Februar 1854 verlässt ein nur mit Morgenrock und Pantoffeln bekleideter Mann sein Haus an der Düsseldorfer Bilker Straße und eilt in Richtung Rhein. Die spärliche Bekleidung des 43-Jährigen fällt an diesem Tag nicht weiter auf: Es ist Rosenmontag, in den Straßen und Gassen von Düsseldorf tobt der Karneval. Tausende kostümierter Männer und Frauen schunkeln durch die Stadt und feiern ausgelassen die letzten Stunden vor dem Beginn der Fastenzeit. Der Mann im Morgenrock drückt sich an den Massen vorbei, bis er endlich auf der Alten Rheinbrücke steht. Dort zieht er seinen Ehering vom Finger und wirft ihn ins Wasser. Anschließend klettert er über das Brückengeländer und stürzt sich in die kalten Fluten. Rheinschiffer, die das Geschehen zufällig beobachten, ziehen den Lebensmüden beherzt aus dem Wasser, während sich am Ufer bierselige Schaulustige einfinden. Sie erkennen zuerst, wem die Schiffer das Leben gerettet haben: Dem musikalischen Direktor der Stadt Düsseldorf. In einem Tross verkleideter Rosenmontagsumzügler wird der pitschnasse Direktor nach Hause zu seiner Familie gebracht. Es ist der Anfang vom Ende des berühmten Komponisten Robert Schumann.

Nur eine knappe Woche später wird der gebürtige Zwickauer in ein Sanatorium für Nervenkranke nach Bonn-Endenich überführt. Schumann selbst hat auf seine Einweisung in die moderne Pflegeanstalt gedrängt. Ihn ängstigt der Gedanke, in geistiger Umnachtung sich oder seiner Frau, der bekannten Pianistin Clara Schumann, etwas antun zu können.

In den ersten Monaten seines Aufenthaltes in Endenich scheint sich sein Gesundheitszustand durchaus zu stabilisieren. Trotz seiner manisch-depressiven Gemütsstörung und den Folgen einer unbehandelten Syphiliserkrankung, die er sich in jungen Jahren zuzog, leidet er nicht mehr unter den Halluzinationen der letzten Wochen. Er spielt wieder Klavier und unternimmt Spaziergänge, bei denen er Blumen pflückt. Bisweilen wird er auch von alten Freunden und seinem Komponistenkollegen Johannes Brahms besucht. Seine Frau Clara scheut hingegen den Weg von Düsseldorf nach Endenich. Sie will den Gesundungsprozess Roberts durch ihre Anwesenheit nicht gefährden und schreibt lieber Briefe.

Statt zu genesen, verschlechtert sich Schumanns Gesundheitszustand Anfang 1856 allerdings wieder dramatisch. Er leidet erneut unter schweren Halluzinationen, eine normale Kommunikation mit ihm ist kaum mehr möglich. Seine einzige Beschäftigung besteht nur noch darin, aus einem Atlas, den Brahms ihm geschenkt hat, die Städte- und Ländernamen herauszuschreiben und in eine alphabetische Reihenfolge zu bringen. Aus wahnhafter Angst, vergiftet zu werden, verweigert der Komponist ab Juli 1856 das Sanatoriumsessen und ernährt sich ausschließlich von Wein und Gelee. Sein behandelnder Arzt schreibt Clara daraufhin einen besorgniserregenden Brief: Falls sie ihren Mann noch einmal lebend sehen wolle, bittet er um einen baldigen Besuch.

Am 27. Juli 1856 macht sich Clara Schumann gemeinsam mit Johannes Brahms auf den Weg nach Endenich. Was sie dort vorfindet, schockiert sie zutiefst. Ihr Mann ist nur noch ein Schatten früherer Tage. Der 46-Jährige ist bis auf die Knochen abgemagert und zu einer normalen Konversation nicht mehr in der Lage. Er atmet schwer und stöhnt hin und wieder auf. Ob er Clara und Johannes Brahms erkennt, lässt sich nicht feststellen. Mehr als eine innige Umarmung des knochigen Körpers bleibt Clara nicht.

Zwei Tage nach ihrem Besuch entschläft Robert Schumann unbemerkt und allein in seinem Sanatoriumsbett in Bonn-Endenich.

Apfel-Quitten-Gelee*
» Frühlingssinfonie «

Zutaten: 500 g Zucker, 1 Packung Gelierpulver, 500 ml Quitten-saft, 250 ml Apfelsaft, 4 cl Calvados

Zubereitung: Das Gelierpulver mit zwei Esslöffeln Zucker vermi-schen. In einem großen Topf den restlichen Zucker mit den Säften verrühren und langsam erhitzen. Sobald die Masse kocht, das ge-zuckerte Gelierpulver dazugeben und drei Minuten aufkochen lassen. Anschließend den Calvados unterrühren und die Masse in verschließbare Gläser füllen.

Dazu Rotwein.

*auch mit anderen Fruchtkombinationen möglich

Nicole Brown Simpson
1959 – 1994

Als Nicole Brown Simpson mit ihrer Mutter Juditha und ihren beiden Kindern Sydney und Justin im »Mezzaluna Restaurant« von Brentwood, Los Angeles, zu Abend isst, scheint die Welt noch in Ordnung zu sein. Die geschiedene Frau von Amerikas Football-Idol O. J. Simpson lässt sich Rigatoni mit Spinat schmecken und diskutiert mit ihrer Frau Mama Erziehungsfragen. Niemand kann zu diesem Zeitpunkt ahnen, dass der 12. Juni 1994 der letzte Tag im Leben von Nicole sein wird.

Nach dem Abendessen verabschiedet sich Juditha mit Wangenküssen von ihrer Tochter und den beiden Enkeln. Nicole nimmt ihre Kinder an die Hand, überquert mit ihnen die Straße vor dem Restaurant und kauft in einem gegenüberliegenden Eissalon für jeden eine Portion Schokoladen-Eis. Danach macht sie sich mit Sydney und Justin auf den Heimweg und bringt die beiden Kinder in ihrem Haus am South Bundy Drive zu Bett.

Gegen 21 Uhr 30 klingelt das Telefon. Es ist Nicoles Mutter Juditha, die ihre Sonnenbrille im »Mezzaluna Restaurant« vergessen hat. Nicole verspricht, sich darum zu kümmern. Kurz darauf wählt sie die Nummer des »Mezzaluna«, um nach der Sonnenbrille zu fragen. Sie bittet dabei ausdrücklich, dass Ronald Goldman mit der Sache befasst wird. Der 25-jährige Kellner ist seit einiger Zeit mit der Ex-Frau des berühmten Footballspielers befreundet. Manchmal treffen sie sich auf einen Kaffee oder sie treiben in einem Fitness-Center gemeinsam Sport. Wie weit sie sich bereits näher gekommen sind, bleibt ihr Geheimnis. Goldman kann ihr am Telefon die freudige Mitteilung machen, dass Judithas Sonnenbrille gefunden wurde. Er verspricht, das teure Stück noch am selben Abend bei Nicole vorbeizubringen.

Nach dem Telefonat schlüpft Nicole in einen kurzen schwarzen Pyjama, zündet Kerzen an und legt romantische Musik auf. Ihre Kinder schlafen bereits tief und fest. Vielleicht hat es die 35-jährige Mutter auf ein erotisches Tête-à-Tête mit Goldman abgesehen. Möglich wäre es. Doch daraus wird nichts. Als Ronald Goldman eine gute halbe Stunde später mit Judithas Sonnebrille vor dem Haus am South Bundy Drive erscheint, ist er nicht alleine mit Nicole.

Am frühen Morgen des nächsten Tages werden Nachbarn von Nicole durch einen bellenden Hund darauf aufmerksam, dass irgendetwas bei Nicole Simpson und ihren Kindern nicht stimmen kann. Als sie der Sache auf den Grund gehen, entdecken sie im Hof vor der Eingangstür die bestialisch zugerichteten Leichen von Ronald Goldman und Nicole Brown Simpson. Beide wurden mit mehreren Messerstichen getötet. Auf Nicole muss der Täter so hasserfüllt eingestochen haben, dass er ihr beinahe den Kopf abtrennte.

Als die Polizei wenig später bei ihrem Ex-Mann O. J. eintrifft, um ihm einige routinemäßige Fragen zu stellen, springt das Football-Idol sofort in seinen Geländewagen und rast davon. Seine Flucht wird von einem Kamerateam gefilmt und live im amerikanischen Fernsehen ausgestrahlt. Nach seiner Festnahme bestreitet der Footballstar jede Beteiligung an der grausamen Tat, obwohl sein Blut und seine Fußspuren am Tatort festgestellt werden. Zudem findet man Blutspuren von Goldman und Nicole in seinem Geländewagen. Weitere Indizien türmen sich zu einer erdrückenden Beweislast gegen O. J. Simpson auf.

Im folgenden Prozess spielen die Beweise und Indizien jedoch kaum noch ein Rolle. Geschickt lenkt Simpsons hoch bezahlter Staranwalt Johnnie Cochran die Verhandlung in eine ganz andere

Richtung. Plötzlich wird aus dem dunkelhäutigen Angeklagten ein Opfer des rassistischen Justizsystems der Vereinigten Staaten. Am Ende des Prozesses hält die überwiegend aus Afro-Amerikanern bestehende Geschworenenjury den Footballstar für unschuldig.

Am 3. Oktober 1995 wird O. J. Simpson trotz erdrückender Beweislast frei gesprochen. Ein Zivilgericht verurteilt ihn hingegen sechzehn Monate später zur Zahlung von rund 33,5 Millionen US-Dollar Schadensersatz an die Hinterbliebenen der Opfer. Ende 2006 kündigt Simpson an, ein Buch über die damaligen Ereignisse schreiben zu wollen. Der Titel soll in etwa lauten: »Wie ich meine Frau umgebracht hätte«. Auf massiven Druck der Öffentlichkeit lässt der Medienunternehmer Rupert Murdoch das Buchprojekt jedoch schnell wieder einstellen.

Rigatoni »Justitia«

Zutaten: (für 2 Personen) 200 g Rigatoni, 300 g Blattspinat, 250 g Champignons, 200 g passierte Tomaten, 200 ml Gemüsebrühe, 2 Knoblauchzehen, 1 große Zwiebel, 150 g Crème fraiche, 1 EL Olivenöl, Salz, Pfeffer

Zubereitung: Zwiebel und Knoblauch klein schneiden. Olivenöl in einem Topf heiß werden lassen. Knoblauch und Zwiebel glasig dünsten. Dann Champignons in Scheiben schneiden und hinzugeben. Den Blattspinat waschen und in Streifen schneiden. In den Topf zu den Champignons und den Zwiebeln geben und kurz andünsten. Anschließend die passierten Tomaten in den Topf geben, mit Salz und Pfeffer würzen und einkochen lassen. Zum Schluss die Crème fraiche unterrühren.

Die Rigatoni in Salzwasser bissfest kochen. Das Wasser abgießen und die Rigatoni gemeinsam mit der Spinat-Champignon-Sauce in einer großen Schüssel servieren.

Schokoladen-Eis »O. J.«

Zutaten: (für 2 Personen) 200 g Schokolade, 130 g Zucker, $^{1}/_{4}$ Liter Milch, $^{1}/_{2}$ Liter Schlagsahne

Zubereitung: Die Schokolade zerbröckeln und im warmen Wasserbad schmelzen. Milch und Zucker hinzugeben und gut verquirlen. Anschließend die Masse abkühlen lassen. Dabei immer wieder vorsichtig umrühren.

Dann die Schlagsahne steif schlagen und unter die Schokoladenmasse rühren. Das Ganze in eine Form füllen und in den Gefrierschrank stellen. Während des Gefriervorgangs hin und wieder vorsichtig umrühren. Danach herausholen und mit einem Löffel oder Portionierer das Eis in kleine Schälchen verteilen.

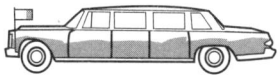

Franz Josef Strauß
1915–1988

Es ist Bayerns ungekrönter König, der am 1. Oktober 1988 das
Oktoberfestzelt von Gourmetpapst Gerd Käfer auf der Münchner
Theresienwiese betritt. Käfer lässt es sich nicht nehmen, seinen
prominenten Gast höchstpersönlich in Empfang zu nehmen. Bereits über mehrere Jahrzehnte hinweg versorgt der Erfolgsgastro-
nom die High Society aus dem In- und Ausland mit kulinarischen
Hochgenüssen. Doch der rotgesichtige Mann mit dem kantigen
Schädel, der sich an diesem Tag in Käfers Festzelt die Ehre gibt, ist
der erklärte Lieblingsgast des Münchner Schickeria-Gastronoms:
Bayerns Ministerpräsident Franz Josef Strauß. Für Käfer symbolisiert der schwergewichtige CSU-Politiker all das, was ein Gastwirt sich nur wünschen kann. Strauß begnügt sich nicht mit kleinen Zwischenmahlzeiten oder einem frugalen Imbiss. Ganz im
Gegenteil: Strauß ist bekennender Schlemmer, er verdrückt Un-
mengen und spült sie anschließend mit unzähligen bayerischen
Weißbieren herunter. Der gebürtige Münchner liebt das Leben –
und noch mehr das Essen. Wenn es den Begriff »Bayerischer Ba-
rock« nicht schon gäbe, müsste er für Strauß erfunden werden.
Seine politischen Eskapaden und alkoholbedingten Ausfälle vor
laufenden Fernsehkameras sind bereits zu seinen Lebzeiten legen-
där. Kein Fettnäpfchen außerhalb Bayerns ist klein genug, als dass
Strauß es nicht doch finden und hineintreten könnte. Doch eines
muss man dem ehemaligen süddeutschen Straßenmeister im
Radfahren lassen: Seine Bodenständigkeit und seine traditions-
bewusste Volksnähe verschaffen ihm bei Wahlen in Bayern regel-

mäßig Rekordergebnisse. Kein zweiter Landesvater ist in seinem Bundesland so beliebt wie der Ministerpräsident Bayerns. Strauß scheut weder das Bad in der Menge, noch macht er einen großen Bogen um überfüllte Festzelte. Dort wo Bierschwaden unter der Decke hängen und der Duft nach gebratenem Schweinebraten durch die stickige Luft zieht, fühlt er sich zu Hause.

Doch am 1. Oktober 1988 lässt sich Strauß von seinem Spezi Gerd Käfer keinen Schweinebraten servieren. Er beginnt seine Vesper ungewöhnlich ernährungsbewusst mit frischen Radieschen und Schnittlauchbrot. Doch bereits der Hauptgang lässt Strauß' Vorliebe für deftige Hausmannskost wieder durchblicken. Er verdrückt ein krosses Brathendl mit Kartoffelsalat und spült es mit einer frisch gezapften Wiesenmaß nach. Als Dessert lässt er sich anschießend Dampfnudeln auftragen. Mehr lukullische Genüsse will sich Strauß an diesem Tag auf dem Oktoberfest nicht gönnen. Er hat schließlich noch etwas vor: Ein anderer ungekrönter Monarch hat ihn zur Jagd eingeladen. Johannes Fürst von Thurn und Taxis erwartet den CSU-Vorsitzenden bereits auf seinem Jagdschloss »Aschenbrennermarter« östlich von Regensburg.

Gestärkt durch Brathendl, Dampfnudeln und Bier verlässt der passionierte Hobbypilot Franz Josef Strauß gutgelaunt das Münchner Oktoberfest und entschwebt per Polizei-Hubschrauber Richtung Regensburg. Er kann nicht ahnen, dass er seine Geburtstadt an diesem Tag für immer verlässt. Kurz nach der Landung nahe des Jagdschlosses bekundet der Ministerpräsident ein starkes Unwohlsein. Die Rotorblätter des Hubschraubers drehen sich noch immer, als Strauß zu seinem Spezi Johannes von Thurn und Taxis seine letzten kaum verständlichen Worte spricht: »Halt, der Flug war ein bisschen anstrengend. Warten Sie noch ...« Danach bricht der 73-Jährige auf dem Rasen vor dem fürstlichen Jagdschloss »Aschenbrennermarter« mit einem Herzinfarkt zusammen. Trotz seiner sofortigen Einlieferung in das Regensburger »Krankenhaus der Barmherzigen Brüder« kann dem genussfreudigen Barockmensch nicht mehr geholfen werden. Vierzig Stunden lang kämpfen die Ärzte vergeblich um sein Leben. Am 3. Oktober 1988 stirbt Franz Josef Strauß an den Folgen des erlittenen Herzinfarkts.

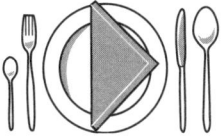

Bayerisches Barockbrathendl

Zutaten: (für 2 Personen) 1 Brathähnchen, 40 g Butter, Paprikapulver, Salz, Pfeffer, Petersilie

Zubereitung: Petersilie klein schneiden und in der Bauchhöhle des Hähnchens verreiben. Das Hähnchen mit flüssiger Butter einpinseln und mit Salz, Pfeffer und Paprika würzen. Anschließend mit der Brustseite nach unten in einen Bräter setzen und im vorgeheizten Backofen bei 225 Grad ca. 15 Minuten braten. Dann umdrehen, mit einer Tasse Salzwasser begießen und weitere 15 Minuten braten. Dabei immer wieder mit dem Bratenfond übergießen. Am Ende im ausgeschalteten Ofen noch 5 Minuten ruhen lassen.

Dazu eine Maß Bier.

Dampfnudeln »FJS«

Zutaten: (für 2 Personen) 500 g Mehl, ½ Hefewürfel, ½ Liter lauwarme Milch, 100 g Butter, 1 Ei, Salz, Zucker, Puderzucker

Zubereitung: Mehl in eine Schüssel geben, eine Mulde bilden und die Hefe mit 1 EL Zucker und 2 EL Milch hinein geben. Mit etwas Mehl verrühren und mit einem Tuch abdecken, bis sich das Volumen verdoppelt hat.

Danach 80 g Butter schmelzen und mit 50 ml Milch, dem Ei, 2 EL Zucker und etwas Salz verrühren und zu dem Teig geben. Aus dem Teig mehrere Kugeln formen, abdecken und sie zu doppelter Größe aufgehen lassen.

Die Reste von Milch, Butter und Zucker mit etwas Salz in einem Topf kochen und die geformten Kugeln hineinlegen. Anschließend einen Deckel auf den Topf setzen und die Dampfnudeln ca. 15 Minuten bei mittlerer Hitze garen.

Die fertigen Dampfnudeln mit Puderzucker bestreuen und mit Vanillesauce, Apfelmus oder Sauerkirschen servieren.

Maria Stuart
1542 – 1587

Im Februar 1587 erhält der Erzbischof von Glasgow einen besorgniserregenden Brief. Die schottische Königin Maria Stuart teilt ihm darin mit, dass ihre Hinrichtung unmittelbar bevorsteht. Zwar wurde Maria bereits im September des vorangegangenen Jahres von einem englischen Gericht unter Vorsitz von Sir John Popham wegen Hochverrats zum Tode verurteilt, doch die Hinrichtungsurkunde unterzeichnete Elisabeth I. erst am 1. Februar 1587. Die englische Königin fürchtete lange Zeit die politischen Konsequenzen, die ihre Signatur unter dem Todesurteil ihrer schottischen Rivalin haben könnte.

Nach 18 Jahren Haft in verschiedenen englischen Burgen und Schlössern ist Maria Stuart überzeugt davon, dass ihr Leben nun tatsächlich auf dem Schafott enden wird. Ein klares Indiz dafür beschreibt die Katholikin in ihrem Brief an den Erzbischof von Glasgow. Man habe bereits ihren geliebten Billardtisch aus Schloss Fotheringhay entfernt, um genügend Platz für die Hinrichtungsvorbereitungen zu haben, berichtet sie empört. Doch der Erzbischof im fernen Glasgow kann der entthronten schottischen Königin nicht helfen. Der Lärm, der in der ersten Februarwoche 1587 durch die Schlossmauern zu Maria dringt, ist nicht der erhoffte Beginn einer Befreiungsaktion, wie sie zunächst glaubt, sondern das erste Hämmern am Schafott. Von diesem Zeitpunkt an fügt sich die 44-Jährige in ihr Schicksal. Sie sucht Trost im Glauben und betet die letzten Tage ihres Lebens nahezu ununterbrochen. Nach ihrem letzten Wunsch befragt, bittet sie darum, noch eine Partie

Billard spielen zu dürfen. Der Wunsch wird der leidenschaftlichen Queue-Artistin gewährt. Maria kann nicht ahnen, dass der grüne Bezug des Tisches später dafür genutzt werden wird, ihren abgeschlagenen Kopf einzuwickeln.

Am Tag ihrer Hinrichtung, dem 8. Februar 1587, isst sie lediglich ein Stück Brot und trinkt zur Beruhigung ein Glas Wein. Mehr möchte sie angesichts des nahenden Todes nicht zu sich nehmen. Als die Stunde schlägt, tritt sie in einem weißen Gewand aus ihren Gemächern. Darüber trägt sie ein rotes Kleid, das ihr die Aura einer katholischen Märtyrerin verleihen soll. Ins Haar hat sie sich zum Zeichen ihrer königlichen Würde ein blitzendes Diadem gesteckt, das den zurückgeschlagenen schwarzen Schleier hält. Um ihren Hals hängt eine vom Papst geweihte Brosche in Form einer Hostie. Vom Gürtel ihres roten Märtyrerkleides baumelt ein schlichter Rosenkranz. Würdevoll schreitet die Schottin zum Schafott und lässt es sich nicht nehmen, ihrer abwesenden protestantischen Rivalin Elisabeth I. zu vergeben und ihr ein langes Leben zu wünschen.

Auf dem Richtplatz funktionieren die Dinge dann allerdings weniger reibungslos als erhofft. Der Henker ist unerfahren und nervös. Es ist das erste Mal in seiner Scharfrichter-Karriere, dass er eine leibhaftige Königin ins Jenseits befördern soll. Die Axt, mit der er sein blutiges Geschäft verrichten will, ist stumpf und schwer. Mit dem ersten Schlag trifft er Marias Hinterkopf, der zweite zertrümmert ihre Schulter und zerreißt eine Hauptschlagader. Eine dicke Blutfontäne spritzt dem Henker entgegen. Panisch holt er ein drittes Mal mit seinem Todeswerkzeug aus und trifft den Nacken der schottischen Königin. Doch der Hieb war zu schwach oder die Axt zu stumpf. Marias Kopf ist noch immer nicht vom Leib getrennt. Schwitzend zieht und drückt der Scharfrichter die Axt wie eine Säge im Nacken der Königin vor und zurück, bis seine blutige Arbeit endlich erledigt ist. Doch bereits kurz darauf gibt es die nächste peinliche Panne. Gekonnt will der Henker den abgeschlagenen Kopf an den Haaren packen, um ihn stolz zu präsentieren. Doch statt des Kopfes hält er nur die Haare der hingerichteten Königin in der Hand. Maria Stuart trug eine Perücke.

Ihre Leiche wird zunächst in der Kathedrale von Peterborough beigesetzt. Im Jahr 1612 exhumiert man sie auf Geheiß ihres Sohnes Jakob I. und überführt sie nach Westminster Abbey. Dort liegt sie seitdem keine neun Meter entfernt von ihrer alten Rivalin Elisabeth I.

Schottisches Haferbrot »Good Old Mary«

Zutaten: 250 g Haferflocken, 250 ml süße Sahne, 1 Sahnejoghurt, 150 g Margarine, 4 Eier, 120 g Zucker, 200 g Weizenmehl, 1 Päckchen Backpulver, 40 g Zitronat, 40 g Orangeat, 50 g Rosinen, Schale von einer Zitrone

Zubereitung: Die Haferflocken mit der süßen Sahne und dem Sahnejoghurt in einer Schüssel mischen und ca. 15 Minuten einweichen lassen. Danach die Margarine mit den Eiern, dem Zucker und der abgeriebenen Zitronenschale schaumig rühren. Das Mehl und das Backpulver hinzufügen. Anschließend Zitronat, Orangeat und die Rosinen zusammen mit den eingeweichten Haferflocken unter den Teig heben. Den Teig in eine eingefettete rechteckige Form geben. Im vorgeheizten Ofen bei 200 Grad ca. 50–60 Minuten ausbacken.

Dazu ein Becher Wein.

François Vatel
1631–1671

Bedächtig kaut François Vatel an einem Stück Kalbslende und nickt gnädig. Erst wenn der Meisterkoch höchstpersönlich gekostet und das Probierte für tauglich befunden hat, dürfen die Speisen am 24. April 1671 die Küche von Schloss Chantilly verlassen. Für die Gäste seines Arbeitgebers will der Hofkoch des Prinzen von Condé nur das Beste vom Besten auf den Tisch bringen. Fünf Jahre lang konnte sich François Vatel auf diesen Tag vorbereiten. Damals hatte der französische König Ludwig XIV. seinen Besuch auf Schloss Chantilly angekündigt. Vatel bemüht sich, dass nun alles perfekt klappt und der Prinz von Condé mit ihm und seiner Arbeit zufrieden ist. Noch wichtiger ist dem ehrgeizigen Koch allerdings, dass er mit sich selbst zufrieden ist.

In der Schlossküche rührt er verbissen in seinen riesigen Kochtöpfen. Für Ludwig XIV., der aufgrund seiner schadhaften Zähne mit Vorliebe Suppen schlürft, gibt es Rindfleisch- und Lattichsuppe. Vatel würzt sie nach und schmeckt ab. Danach kostet er von einer delikaten Hammelkeule, von Zungenragout, von einem Kapaun mit Austern, von einem Fasan in Pfeffersauce, schließlich von einer süßen Sahnetorte. Was er schmeckt, schmeichelt seinem Gaumen. Der 40-Jährige ist überzeugt von seinen kulinarischen Kreationen. Doch nur wenig später verdüstert sich seine Miene wieder. Der Hofzeremonienmeister Gourville flüstert ihm zu, dass an einem Tisch des königlichen Hofstaates zwei Kalbslenden zu wenig aufgetragen wurden. François Vatels Gesicht wird bei der Nachricht kreidebleich. »Ich bin entehrt! Das ist eine

Schande, die ich nicht ertragen kann!«, stöhnt er theatralisch auf.
»Mir schwindelt seit Stunden der Kopf. Ich habe seit zwölf Tagen
nicht mehr geschlafen. Ich kann nicht mehr.«

Beherzt schlägt Gourville dem Küchenmeister auf die Schulter
und versucht ihn aufzuheitern. Doch der kulinarische Perfektio-
nist hadert weiter mit dem Schicksal. Ein nicht wieder gutzuma-
chender Fehler ist geschehen, für den er sich die Schuld gibt. Gourville befürchtet, dass der Hofkoch noch während des Festbanketts
einfach den Kochlöffel hinwerfen und aufgeben könnte. In seiner
Ratlosigkeit berichtet er dem Prinzen von Condé von dem Miss-
geschick und Vatels Schuldgefühlen. Doch den königlichen Gästen
ist gar nicht aufgefallen, dass überhaupt etwas fehlte. Der Prinz
lässt nach Vatel rufen, um seinen Hofkoch persönlich zu beruhigen. Doch Vatel ist noch immer zu aufgewühlt, seine Ehre steht
auf dem Spiel. Erst die schmeichelnden Worte von Ludwig XIV.
können den selbstkritischen Koch zur Weiterarbeit in der Schlossküche bewegen. Der König versichert Vatel, dass alle Speisen vor-
trefflich gemundet haben und er sich bereits auf das Menü am
folgenden Tag freue. Vor allem von Vatels hochgelobten Fischge-
richten verspräche er sich ein Feuerwerk des Geschmacks und der
Aromen. Der Hofkoch nickt geschmeichelt und kehrt reumütig in
die Schlossküche zurück.

Am nächsten Morgen steht er bereits um vier Uhr auf. Vor Sorge darüber, dass wieder etwas schief gehen könnte, hat er kaum ein
Auge zugetan. In der Küche begegnet er einem Bediensteten, der
zwei Pakete Fisch vom Pariser Großmarkt ablädt.

»Ist das alles?!«, kreischt Vatel schrill. Zwei Pakete sind für den
kompletten Hofstaat Ludwig XIV. eindeutig zu wenig.

»Mehr gab es nicht«, murmelt der Bedienstete verlegen und
verschwindet mit den Paketen in einer der Speisekammern des
Schlosses.

»Diese Schande überlebe ich nicht!«, wispert Vatel deprimiert.
Hektisch durchsucht er alle Speisekammern des Schlosses nach

weiteren Fischvorräten. Doch er findet nichts. In der Aufregung der vergangenen 24 Stunden hat Vatel vollkommen vergessen, dass er selbst weitere Fische von allen französischen Seehäfen bestellt hat, die allerdings erst im Laufe des Vormittags auf Schloss Chantilly eintreffen werden.

Aschfahl und völlig erschöpft zieht sich der Meisterkoch gegen 7 Uhr in sein Zimmer zurück. Er glaubt tatsächlich, die Schande nicht überleben zu können. Kalter Schweiß rinnt von seiner Stirn, als er seinen Degen hervorholt und ihn waagerecht gegen die Tür lehnt. Dann stößt er sich die Klinge mehrfach in den Leib. Der dritte Stoß ist tödlich.

Kurze Zeit später treffen die bestellten Fischlieferungen aus den Seehäfen ein. Hofzeremonienmeister Gourville lässt den verschwundenen Küchenchef suchen, damit er die besten Fische für das königliche Menü aussuchen kann. Man findet François Vatel in einer großen Blutlache auf dem Boden seines Zimmers liegend.

Als Ludwig XIV. von dem bedauerlichen Vorfall erfährt, bietet er seinem Gastgeber einen seiner Leibköche als Ersatz für François Vatel an. Doch der Prinz von Condé lehnt dankend ab. Sein selbstkritischer Meisterkoch hat für den zweiten Tag des Gala-Diners alles so perfekt vorbereitet, dass Hofzeremonienmeister Gourville mit den anderen Köchen des Prinzen das Fest ohne Probleme zu einem gelungenen Abschluss bringen kann.

»Vatels letztes Meisterwerk«

Erster Gang:
Rindfleischsuppe

Zutaten: 1 Beinscheibe vom Rind, 1 Bund Suppengrün, 1 Zwiebel, 1 Knoblauchzehe, Petersilie, Pfeffer, Salz

Zubereitung: Die Beinscheibe waschen und trocken tupfen. Die Zwiebel schälen und halbieren. Einen großen Topf heiß werden lassen. Die Zwiebelhälften auf den Boden legen und anrösten. Anschließend die Beinscheibe und das grob geschnittene Suppengrün dazu geben. Alles mit einem Liter kaltem Wasser übergießen.

Salz, Pfeffer und den Knoblauch hinzugeben und die Suppe zum Kochen bringen. Aufsteigenden Schaum mit einer Kelle abschöpfen. Wenn die Suppe kocht, die Temperatur zurückschalten. Das Ganze rund 1,5 Stunden auf kleiner Flamme köcheln lassen. Anschließend das Fleisch herausnehmen, vom Knochen lösen und klein schneiden. Die Suppe durch ein feines Sieb passieren und das klein geschnittene Fleisch hinzugeben. Zum Schluss klein gehackte Petersilie darüber streuen.

Zweiter Gang:
Lattichsuppe mit Schinken

Zutaten: 2 Lattichköpfe, 1 Kartoffel, 1 EL Butter, 100 ml Noilly Prat, 600 ml Gemüsebouillon, 200 ml Halbrahm, 100 g geschnittener Schinken

Zubereitung: Die Lattichblätter abzupfen, waschen und in feine Streifen schneiden. Die Zwiebel schälen und in kleine Würfel hacken. Anschließend in Butter glasig dünsten. Die Kartoffel ebenfalls in kleine Würfel schneiden und gemeinsam mit Noilly Prat in die Pfanne geben. Das Ganze rund fünf Minuten garen. Die Gemüsebouillon hineingießen und die Lattichstreifen dazu geben. Weitere 5–8 Minuten köcheln lassen, bis die Kartoffelwürfel gar sind. Danach mit einem Stabmixer die Suppe fein pürieren. Den Halbrahm und gegebenenfalls etwas Wasser hinzufügen. Mit Pfeffer und Salz abschmecken. Den Schinken in kleine Vierecke schneiden und über die Suppe streuen.

Dritter Gang:
Kalbslende

Zutaten: 400 g Kalbslende, 1 Ei, Muskatpulver, frische Kräuter (nach Wahl), Mehl, 2 EL Butterschmalz, Pfeffer, Salz

Zubereitung: Die Kalbslende in dünne Scheiben schneiden. Das Ei in einer Schüssel verquirlen. Mit Muskatpulver, Pfeffer, Salz und frisch gehackten Kräutern verrühren. Die Kalbslenden zuerst in Mehl und dann in dem verquirlten Kräuter-Ei wenden. Anschließend in Butterschmalz auf beiden Seiten ausbacken.

Vierter Gang:
Hammelkeule

Zutaten: 1,5 kg Hammelkeule, 5 Knoblauchzehen, 10 Wacholderbeeren, 25 g Butter, 2 EL Cognac, 2 EL Tomatenmark, 1 Brühwürfel, 5 EL Olivenöl, 1 TL Kräutermischung (getrocknet), 100 ml Rotwein, Pfeffer, Salz

Zubereitung: Die Keule häuten und vom Fett befreien. Die Knoblauchzehen schälen und zerdrücken. Die Hammelkeule mit Pfeffer, den getrockneten Kräutern, dem zerdrückten Knoblauch und den zerstoßenen Wacholderbeeren einreiben. In einem großen Bräter Öl und Butter erhitzen und die Hammelkeule von allen Seiten scharf anbraten. Anschließend den Bräter in den vorgeheizten Ofen schieben und bei 180 Grad ca. 1,5 Stunden schmoren lassen. Zwanzig Minuten vor Ende der Garzeit den Rotwein, den Cognac, das Tomatenmark und den Brühwürfel zu einem Fond verrühren und die Hammelkeule damit übergießen. Vor dem Aufschneiden des Fleisches die Hammelkeule noch zehn Minuten ruhen lassen.

Fünfter Gang:
Zungenragout

Zutaten: 800 g Kalbszunge, 1 Zwiebel, 3 Lorbeerblätter, 1 Stange Porree, 2 Möhren, 100 g Butterschmalz, 2 EL Mehl, 125 ml Weißwein, 400 ml Kalbsfond, 2 EL Senf, 200 g Schlagsahne, Pfeffer, Salz

Zubereitung: Die Zwiebel schälen und in Würfel schneiden. In einen großen Topf Wasser geben. Die Rinderzunge mit den Zwiebelwürfeln und den Lorbeerblättern hinzufügen. Das Ganze ca. 2 Stunden auf mittlerer Flamme kochen. Anschließend das Fleisch herausnehmen, unter kaltem Wasser abschrecken, die Haut abziehen und in mundgerechte Stücke schneiden. Die Möhren schälen und mit dem Porree in feine Streifen schneiden. Das Butterschmalz in einem Topf erhitzen. Das Gemüse darin andünsten, mit dem Mehl bestäuben und mit Weißwein ablöschen und den Kalbsfond hinzugeben. Das Ganze ca. zehn Minuten garen. Mit Salz, Pfeffer und Senf abschmecken. Danach die Zungenstücke und die Sahne hinzugeben. Noch einmal kurz aufkochen.

Sechster Gang:
Kapaun mit Austern

Zutaten: 1 mittelgroßer Kapaun, 50 g schwarze Trüffel, 4 Zwiebeln, 1 Knoblauchzehe, 2 Rosmarinzweige, 8 frische Austern, Olivenöl, Pfeffer, Salz

Zubereitung: Die Trüffel in dünne Scheiben schneiden und vorsichtig unter die Haut des Kapauns schieben. Die Rosmarinzweige und die geschälte Knoblauchzehe in den Kapaun geben.

Die Zwiebeln halbieren und in eine große Auflaufform legen. Den Kapaun dazu geben und mit Olivenöl einpinseln. Im vorgeheizten Ofen bei 200 Grad mindestens eine gute Stunde schmoren lassen. Dabei immer wieder mit Bratensaft und Olivenöl einpinseln. Zusammen mit den frischen Austern servieren.

Siebter Gang:
Fasanenbrust in Pfeffersauce

Zutaten: 2 Fasanenbrüste (mit Knochen), 2 Zwiebeln, 1 Karotte, 30 g Butter, 200 ml Sahne, 300 ml Hühnerbouillon, 1 Thymianzweig, 5 Wacholderbeeren, 2 EL Öl, 4 EL Weinbrand, Pfeffer, Salz

Zubereitung: Die Fasanenbrüste auslösen und die Knochen in kleine Stücke hacken. Die Zwiebeln und die Karotte schälen und klein schneiden. Zusammen mit den Knochen, etwas Pfeffer und den klein gestoßenen Wacholderbeeren in Öl anrösten. Mit dem Weinbrand ablöschen und einkochen lassen. Danach die Hühnerbouillon und die Sahne hinzugießen. Das Ganze ca. 40 Minuten auf kleiner Flamme köcheln lassen.

Die Fasanenbrüste mit Salz und Pfeffer würzen und in Butter auf beiden Seiten anbraten. Den Thymianzweig dazu geben und die Brüste immer wieder mit der zerlassenen Butter übergießen.

Die Sauce durch ein feines Sieb passieren und schaumig schlagen. Die Fasanenbrüste schräg in Scheiben schneiden und mit der Sauce überziehen.

Achter Gang:
»Sahnetorte«

Zutaten: 5 Eier, 300 g Zucker, 250 g Weizenmehl, 500 ml Rahm, 50 g Marzipan, 20 g Puderzucker, 4 Eigelb, 5 g Backpulver, $^1/_2$ EL Butter, Salz, 1 EL Mehl

Zubereitung: Die Eier trennen. Danach das Eigelb mit dem Zucker und etwas Wasser schaumig rühren. Das Eiweiß zu steifem Schnee schlagen. Das Mehl, das Backpulver und eine Prise Salz miteinander vermischen. Die Eiercreme dazu geben und das Eiweiß vorsichtig unterheben. In einer gebutterten und mit Mehl bestäubten Springform in den vorgeheizten Ofen schieben und bei 160 Grad ca. 50 Minuten backen.

Den Rahm in einer Pfanne auf kleiner Flamme ca. fünf Minuten köcheln lassen. Die vier Eigelb verrühren und das Marzipan zerdrücken. Einen Teil des Rahms aus der Pfanne nehmen und erkalten lassen. Anschließend mit dem Eigelb, dem Mehl und dem Marzipan vermischen, zum kochenden Rahm geben und noch einmal rund zehn Minuten kochen. Dabei stets umrühren. Das Ganze vom Herd nehmen und abkühlen lassen.

Die erkaltete Torte durchschneiden, mit der Rahmsauce füllen und nochmals ca. 10 Minuten bei 160 Grad im vorgeheizten Ofen backen. Vor dem Servieren mit Puderzucker überstreuen.

Dazu Wein.

Gianni Versace
1946 – 1997

Am 15. Juli 1997 macht Florida seinem Ruf als sonnenreichster Bundesstaat der USA alle Ehre. Kein Wölkchen zeigt sich am strahlend blauen Himmel über Miami, die Quecksilbersäule nähert sich bereits am frühen Morgen der 30-Grad-Grenze. Nicht zuletzt wegen des schönen Wetters hat sich der italienische Modeschöpfer Gianni Versace am berühmten Ocean Drive von Miami seinen ganz persönlichen Traum vom Wohnen verwirklicht. Wann immer der 50-jährige Designer Zeit findet, zieht er sich in sein »Casa Casuarina«, eine pompöse Prunkvilla mit hohen schmiedeeisernen Toren, zurück und entspannt sich vom anstrengenden Mode-Zirkus. Durch die Fenster der Villa hat Versace einen fantastischen Blick auf das Meer und jenen Abschnitt des Strandes, der im Lokaljargon nur »Gay Beach« genannt wird. Täglich spazieren hier Dutzende Männer Händchen haltend durch den Sand und stellen ihre muskelbepackten Körper zur Schau. Für Gianni Versace könnte es keine bessere Aussicht geben. Der Sohn einer Schneiderin aus Kalabrien macht aus seinen homosexuellen Neigungen keinen Hehl, doch er kokettiert auch nicht mit ihnen. Athletische, sonnengebräunte Männer entsprechen genau seinem Schönheitsideal.

Am Morgen des 15. Juli 1997 verlässt Versace gegen acht Uhr seine Villa. Wie immer führt ihn sein erster Weg an diesem Tag ins nahe gelegene »News Café«. In Miami verzichtet der millionenschwere Modeschöpfer bewusst auf jeglichen Begleitschutz. Versace fühlt sich in der Stadt des ewigen Sonnenscheins sicher. Dort wo Homosexuelle unbehelligt Händchen haltend durch die Straßen flanieren können, glaubt er vor Anschlägen, Attentaten und Raubüberfällen geschützt zu sein. Im »News Café« bestellt er sein übliches Frühstück: Zwei beidseitig gebratene Spiegeleier, Schinkenspeck, Weizentoastbrot und schwarzen Kaffee. Er kann nicht ahnen, dass es das letzte Frühstück seines Lebens ist.

Gegen 8 Uhr 30 bezahlt er, ersteht noch die neueste Ausgaben der »Vogue« und des »People Magazine« und macht sich auf den Rückweg zu seiner Villa. Versace bemerkt nicht, dass er dabei verfolgt wird. In seinen Shorts trägt der Modeschöpfer rund 1200 Dollar in bar mit sich. Doch das Geld ist es nicht, auf das es Andrew Cunanan abgesehen hat. Der 27-jährige Callboy aus San Diego hat vor seinem Trip nach Miami bereits vier Menschen ermordet. In der Fahndungsliste des FBI steht er unter den Top Ten der meistgesuchten Kriminellen. In den Tagen vor dem 15. Juli 1997 zog Cunanan in der Hoffnung, zufällig auf den berühmten italienischen Modemacher zu treffen, durch verschiedene Schwulenbars von Miami. Doch Gianni Versace besucht keine Schwulenbars. Er feiert lieber seine privaten Feste, zu denen nur ausgewählte Freunde Zutritt haben. Andrew Cunanan gehört nicht zu diesen Freunden. Versace kennt den gesuchten Serienkiller überhaupt nicht. Er weiß nicht, dass der 27-jährige Callboy sich vor Jahren als Model für eine Versace-Mode-Show beworben hat und abgelehnt wurde. Andrew Cunanan hat die demütigende Abfuhr nie vergessen. Der 15. Juli 1997 ist der Tag seiner ganz persönlichen Rache.

Als Gianni Versace um 8 Uhr 45 sein Grundstück am Ocean Drive durch das schmiedeeiserne Tor betritt, schlüpft Andrew Cunanan unbemerkt mit ihm aufs Gelände. Versace schlurft die Treppe zur Haustür seiner Villa hoch und steckt den Schlüssel ins Schloss. Als er ein Geräusch hinter sich hört, dreht er sich verdutzt um. Vor ihm steht Andrew Cunanan mit gezücktem Revolver. Ohne Vorwarnung schießt er dem italienischen Modemacher zweimal in den Kopf. Aufgeschreckt durch die beiden Schüsse, alarmiert ein Bediensteter Versaces sofort die Polizei und einen

Rettungswagen. Doch dem 50-jährigen Italiener kann nicht mehr geholfen werden. Sein Mörder verschwindet indes so lautlos wie er gekommen ist und versteckt sich die nächsten Tage auf dem leerstehenden Hausboot eins deutschen Nachtclubbesitzers.

Als ihn ein Angestellter des Bootseigners am 23. Juli 1997 zufällig aufstöbert und die Polizei verständigt, flüchtet Cunanan in ein Schlafzimmer des Hausbootes und verriegelt die Tür. Noch bevor die Polizei am Hafen eintrifft, schiebt er sich den Lauf seiner Waffe in den Mund und drückt ab.

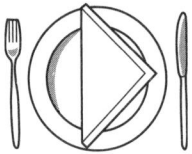

Frühstück
»Last Miami Sunrise«

Zutaten: (für 1 Person) 2 Eier, $^1/_2$ Zwiebel, Schinkenspeck, Petersilie, 2 Scheiben Weizentoast, Pfeffer, Salz, Butterschmalz

Zubereitung: Die Zwiebel und den Schinkenspeck in Würfel schneiden und in Butterschmalz glasig dünsten. Zwei Scheiben Weizentoastbrot rösten. Zwei Eier in eine heiße Pfanne schlagen und mit Pfeffer und etwas Salz würzen. Anschließend die Spiegeleier auf die Toastbrotscheiben legen und die gedünsteten Zwiebel- und Schinkenspeckwürfel darüber verteilen. Mit ein wenig gehackter Petersilie garnieren.

Dazu schwarzer Kaffee.

Anton Webern
1883 – 1945

In den 20er Jahren steht Anton Webern mit Pablo Picasso und James Joyce auf einer Stufe. Was Picasso für die Malerei und Joyce für die Literatur ist, ist der Wiener Komponist für die Musik. Längst hat Webern seinen Lehrmeister Arnold Schönberg an innovativer Kreativität eingeholt und die Zwölftonmusik gesellschaftsfähig gemacht. Webern gewinnt Preise und wird mit internationalen Auszeichnungen überhäuft. Doch als der Nationalsozialismus Mitte der 30er Jahre auch in Österreich Fuß fasst, wird der musikalische Höhenflug des atonalen Avantgardisten jäh gestoppt. Webern muss all seine musikalischen Ämter niederlegen, die er sich im Lauf der Jahre erworben hat. Als sogenannter »Kulturbolschewist« hat er im offiziellen Musikleben der Nazis keine Chance. Dem weltweit gefeierten Neutöner bleibt nichts anderes übrig, als sich in die innere Emigration seines Privatlebens zurückzuziehen. In dem kleinen Ort Maria-Enzersdorf bei Wien hält er sich und seine Frau Wilhelmine durch privaten Musikunterricht mühsam über Wasser. Webern lebt in dieser Zeit am Existenzminimum. Jeden Tag fleht er eine Niederlage der Nazis und das Ende des NS-Systems herbei, um endlich wieder selbstbestimmt und in Freiheit arbeiten zu können.

Doch als sich im Februar 1945 die Rote Armee Wien nähert, packen er und Wilhelmine vorsorglich die Koffer und fliehen nach Mittersill ins Salzburger Land. Webern verspürt wenig Lust, von einer Diktatur in die nächste zu schlittern. In Mittersill kommt er mit Wilhelmine bei einer seiner drei Töchter und deren Mann unter. Das Kriegsende und den Zusammenbruch der Nazi-Herrschaft übersteht die Familie des verfemten Komponisten unversehrt.

Im Spätsommer 1945 schmiedet Anton Webern bereits wieder berufliche Pläne. Seine Kompositionen dürfen nun auch in Deutschland und Österreich wieder gespielt werden. Die neuen Perspektiven sind allabendlicher Diskussionsstoff im Hause Webern und nähren die Hoffnung des Komponisten, zurück ins pralle Musikleben zu finden.

Auch am Abend des 15. September 1945 wird beim gemeinsamen Abendessen im Haus von Weberns Schwiegersohn über die Möglichkeiten debattiert, die sich allen Verfemten nach dem Ende des Nazi-Spuks endlich wieder eröffnen. Zum Abschluss des Essens bereitet der Schwiegersohn Anton Webern eine ganz besondere Freude. Auf dem Schwarzmarkt hat er für den leidenschaftlichen Raucher eine Zigarre besorgt. Webern kann es kaum erwarten, sie anzuzünden. Nach den kargen Mahlzeiten der vergangenen Kriegsjahre hat er stets auf die verdauungsfördernde Wirkung einer guten Zigarre verzichten müssen. Um seine Enkel und den Rest der Familie nicht mit dem Qualm zu belästigen, geht er rücksichtsvoll vor die Haustür.

Es ist 21 Uhr 45, als er ein Streichholz entflammt, die Zigarre anzündet, genießerisch den ersten Zug nimmt und in den abendlichen Sternenhimmel sieht. Anton Webern ist in diesem Moment voller Hoffnung. Er hat die innere Emigration geistig und körperlich unversehrt überstanden, nun kann es wieder aufwärts gehen.

Im Haus hilft seine Frau Wilhelmine das Geschirr abräumen, als drei Schüsse durch die Nacht peitschen. Sie horcht verängstigt auf, ohne jedoch daran zu denken, dass ihr Mann etwas damit zu tun haben könnte. Erst als gleich darauf die Haustür geöffnet wird, weiß Wilhelmine, dass Anton mehr als nur etwas damit zu tun hat. Der Komponist wankt mit verstörtem Gesichtsausdruck ins

Haus, seine rechte Hand ist gegen den Bauch gepresst. »Ich wurde erschossen«, ist alles, was er sagen kann. Dann bricht er zusammen. Wilhelmine und ihre Tochter legen ihn sofort auf eine Matratze und öffnen seine Kleider. Aus einer Wunde an der linken Seite des Bauches tritt dunkles Blut. »Es ist aus«, murmelt der 61-jährige Zwölftonkomponist, ehe er das Bewusstsein verliert, ohne es je wiederzuerlangen. Vor dem Haus seines Schwiegersohns wurde Webern von einem amerikanischen Besatzungssoldaten mit einem Zigarettenschmuggler verwechselt. Der GI schoss sofort und traf Anton Webern tödlich.

Verdauungszigarre
»Rauchen ist tödlich«

Zutaten: Eine Zigarre, Streichhölzer

Zubereitung: Die Zigarre in den Mund stecken und anzünden.

Natalie Wood
1938 – 1981

Das Meer vor der kalifornischen Küste ist am 27. November 1981 rau und stürmisch. Hollywoods Traumpaar Natalie Wood und Robert Wagner beschließt deshalb, den geplanten Thanksgiving-Ausflug mit der eigenen Yacht »Splendour« um einen Tag zu verschieben. Die beiden Schauspieler verbringen die Nacht in einem Hotel auf Santa Catalina Island im Süden Kaliforniens.

In den Morgenstunden des 28. November 1981 lässt der Sturm nach und die aufgewühlte See glättet sich wieder. Wagner und Wood sind froh, dass der geplante Trip nun doch noch stattfinden kann. Als Gast haben sie den befreundeten Schauspielerkollegen Christopher Walken auf ihre Yacht eingeladen. Walken hat kurz zuvor mit Natalie Wood den Kinofilm »Brainstorm« abgedreht. Für die 43-jährige Tochter russischer Einwanderer ist es bereits der fünfundvierzigste Film. Wood hat in ihrer langen Karriere mit allen großen Hollywoodstars vor der Kamera gestanden. Als 17-Jährige heimste sie an der Seite von James Dean in »Denn sie wissen nicht was sie tun« ihre erste Oscar-Nominierung ein. Als Wood mit ihrem Ehemann Robert Wagner und Christopher Walken am Nachmittag »Doug's Harbor Reef Restaurant« betritt, um sich für den Trip mit der »Splendour« zu stärken, gehört sie zu den beliebtesten und bestverdienenden Schauspielerinnen Hollywoods.

Im »Harbor Reef Restaurant« lässt sich das Trio eine Fischplatte mit Meeresfrüchten servieren. Dazu leert man etliche Flaschen Champagner und Wein. Mit vermehrtem Alkoholgenuss beginnen Wagner und Walken eine lautstarke, hitzige Debatte über politische Themen, während Natalie Wood ganz ungeniert mit ihrem Schauspielerkollegen Walken flirtet. Die Ehe des Traumpaares ist nicht frei von Schattenseiten. Man ließ sich bereits einmal scheiden, ehe man zehn Jahre später wieder zueinander fand. Der damalige Trennungsgrund soll Gerüchten zufolge eine homoerotische Affäre von Wagner gewesen sein. Am frühen Abend des 28. November 1981 erhält das Personal von »Doug's Harbor Reef Restaurant« jedoch eher den Eindruck, als gefiele Natalie Wood der Gedanke, Christopher Walken vor den Augen ihres Gatten zu verführen.

Als das Trio gegen 22 Uhr das Lokal angeheitert verlässt, hakt sich Wood bei beiden Männern unter. Am Hafen besteigt man das kleine Beiboot der »Splendour« und setzt zur Yacht über, die in ruhigem Gewässer vor der Küste dümpelt. Auf dem Deck der Yacht entkorken Wagner und Walken die nächste Flasche Wein und setzen ihre Debatte aus dem Hafen-Restaurant mit unverminderter Streitlust fort. Natalie Wood wird das Gerede der beiden Männer jedoch zunehmend zuviel. Gegen 22 Uhr 30 verabschiedet sie sich gähnend und zieht sich in ihre Kabine zurück. Es ist das letzte Mal, dass Wagner und Walken sie lebend sehen. In ihrer Kabine zieht Wood ihre Kleider aus, streift sich ein dünnes Nachthemd über und legt sich in ihre Koje. An Schlaf ist jedoch nicht zu denken. Das kleine Beiboot schlägt immer wieder krachend gegen die Bordwand, und die lautstarke Diskussion zwischen Wagner und Walken dringt kaum gedämpft bis in Natalies Kabine. Müde steht sie wieder auf und schlüpft in einen dicken Parka. Nur auf Socken betritt sie den rutschigen Schiffsboden und macht sich, unbemerkt von den beiden Männern, am Heck der »Splendour« zu schaffen. Vielleicht will sie das Beiboot festzurren, damit es nicht weiter gegen die Bordwand schlägt. Oder sie will mit dem Beiboot zurück nach Catalina fahren, um eine geruhsame Nacht in einem Hotelbett zu verbringen. Welcher Beweggrund sie auch immer treibt, ihr Vorhaben misslingt. Beim Entknoten der Leine, mit der das

Beiboot an der Yacht festgemacht ist, rutscht sie auf dem feuchten Schiffsboden aus und geht über Bord. Mit dem Kopf schlägt sie auf den Rand des Beibootes, ehe sie im eiskalten Wasser des Pazifiks versinkt.

Die beiden Männer am Bug der Yacht bekommen nichts von den dramatischen Dingen mit, die sich am anderen Ende der »Splendour« ereignen. Erst als Wagner gegen Mitternacht zu Natalies Kabine hinuntersteigt, um ihr einen Gutenachtkuss zu geben, ahnt er, dass etwas nicht stimmen kann: Ihre Koje ist leer. Aufgeregt stürmt er wieder an Deck. Als er bemerkt, dass auch das kleine Beiboot verschwunden ist, gerät er in Panik. Sofort verständigt er per Funk die Hafenpolizei. Wenig später rücken die ersten Schiffe der Küstenwache aus, um nach Natalie Wood zu suchen. Ihre Leiche wird jedoch erst gegen 7 Uhr 30 von einem Hubschrauber wenige hundert Meter von der »Splendour« entfernt entdeckt.

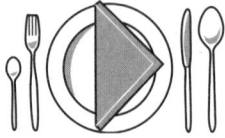

Fischplatte »Trio Infernale«

Zutaten: 300 g Seeteufel, 300 g Riesenzackenbarsch, 300 g Seehecht, 300 g Steinbutt, 4 Pilgermuscheln, 4 Garnelen, 1 Zwiebel, 1 grüne Paprika, 1 Tomate, Fischbrühe, Weißwein, Salz, Mehl, Olivenöl

Zubereitung: Die Fische jeweils in vier Teile schneiden. Dann mit Mehl bestäuben und kurz in Olivenöl anbraten. Anschließend aus der Pfanne nehmen. Zwiebel und Paprika klein schneiden und in der Pfanne glasig dünsten. Tomate schälen, von den Kernen befreien und in kleine Würfel hacken. Anschließend zu der Zwiebel und der Paprika in die Pfanne geben und köcheln lassen.

Den vorgebratenen Fisch, die Garnelen und die Muscheln zu dem Gemüse in die Pfanne legen. Mit Weißwein ablöschen und auf kleiner Flamme ca. drei Minuten lang einkochen. Danach etwas Fischbrühe dazu gießen, mit Salz abschmecken und weitere 2–3 Minuten fertig garen.

Dazu frisches Weißbrot, Champagner, Weißwein.

Inhalt

Der Autor

Richard Fasten

Jahrgang 1966, wurde in Cham geboren und studierte Geschichte, Philosophie, Archäologie, Kommunikationsforschung und Phonetik in Bonn. Als freier Autor schreibt er u. a. Krimis und arbeitet für radioeins sowie das rbb-Fernsehen. Zuletzt veröffentlichte er »Von Klettverschluss bis G-Punkt – Das Lexikon der großen Entdeckungen« und »Popsplits – Legendäre Songs und ihre Geschichte«.